UNKO HA DOKOKARAKITE、DOKOHEIKUNOKA : JINPUN CHIRIGAKU KOTOHAJIME
by Noriko Yuzawa
Copyright © Noriko Yuzawa, 2020. All rights reserved.
Original Japanese edition published by Chikumashobo Ltd.
Korean translation copyright © 2023 by Beanshelf
This Korean edition published by arrangement with Chikumashobo Ltd., Tokyo

똥과 함께 산다
1판 1쇄 발행 2023년 9월 4일
유자와 노리코 지음 김형진·정철 옮김
편집 정철 표지 디자인 arti.bee
발행 정철 출판사 빈서재
이메일 pinkcrimson@gmail.com
ISBN 979-11-980639-3-9 (94910)

빈서재는 근현대사 고전 전문 출판사를 지향합니다. 번역하고 싶은 고전이 있다면 연락주세요. 제타위키에서 '빈서재 출판사'를 검색하시면 다양한 정보를 더 얻을 수 있습니다. https://zetawiki.com/wiki/beanshelf
이 책의 본문 편집은 LaTeX로 작업되었습니다. 초보자에게 많은 도움을 주신 KTUG 회원 여러분께 감사드립니다. http://ktug.org

똥과 함께 산다
인분지리학

ウンコはどこから来て、どこへ行くのか
―人糞地理学ことはじめ

유자와 노리코 지음, 2020년
김형진·정철 옮김, 2023년

빈서재

지은이 유자와 노리코(湯澤規子). 1974년 오사카부 출생. 호세이대학 인간환경학부 교수. 쓰쿠바대학 대학원 역사·인류학연구과 박사(문학). 쓰쿠바대학 생명환경계 교수.

주요 저서로는 『재래산업과 가족의 지역사』, 『위장의 근대』, 『7봉지 감자칩-먹는 것을 말하다, 위장의 전후사』 등이 있다. '삶'을 테마로 지리학, 역사학, 경제학의 관점에서 당연한 일상을 재검토하는 필드워크를 거듭하고 있다.

옮긴이 김형진. 대구지역 대학에서 25년간 근무한 교직자. 일본 문화에 관심을 가지게 되면서 자연스럽게 일본 서적을 탐독하게 되었고, 이후 논문이나 음악 관련 자료의 번역을 꾸준히 해왔다. 역서로 『일본 프로그레시브 록 가이드북』이 있다.

옮긴이 정철. 포탈에서 15년간 웹사전을 만들면서 사전에 대한 4권의 책을 썼다. 음악을 30년간 들어오면서 5권의 음악책을 쓰거나 편집했다. 고전 출판을 지향하여 출판사를 만들었고 10여권의 책을 편집했다. 일본쪽 책을 출간하면서 공부와 번역을 병행하고 있다.

□ 일러두기

1. (원서 일러두기) 본문 가운데 오늘날에는 차별적 표현으로 받아들여질 수 있는 표기가 있으나 인용 작품이 쓰인 시대적 배경 및 차별적 의도로 사용하지 않은 점 등을 고려하여 수정하지 않았다. 또한 본문에서 인용 문헌 저자에 대한 경칭은 생략하였다.
2. 외래어의 우리말 표기는 관용적으로 많이 사용되는 것을 취하였다.
3. 원서의 미주와 본문의 긴 설명 부분을 각주로 처리했다. [역주] 표시가 없는 한 모두 원주이다.

차 례

차 례 6

한국어판 서문 11

프롤로그 17

제 1 장 똥이란 무엇인가? 23
   1.1 똥은 '더럽다'? 23
   1.2 똥은 '더럽지 않다'? 24
   1.3 남의 일과 나의 일 26
   1.4 '더럽다'라는 것은 무슨 뜻일까? 27
   1.5 주체와 객체 28
   1.6 더러움·깨끗함·맑음 30
   1.7 일본어의 두가지 '더러움' 31
   1.8 한자로 보는 똥 33
   1.9 똥의 깊은 의미 35

1.10	지역 고유성으로서의 똥	37

제 2 장 세계가 똥에게 요구하는 것 . . . . 　39

2.1	일본의 과거와 케냐의 현재	39
2.2	현대적 과제로 이어지는 똥의 문제 . . .	42
2.3	세계 공통의 똥 사정과 다양한 화장실 사정	43
2.4	변소와 화장실의 추억	45
2.5	똥의 지역적 차이	47
2.6	케냐의 플라잉 화장실	49
2.7	보스턴 세계경제사 회의와 똥	51
2.8	영국의 하비 이용—나이트 소일	53

제 3 장 보물로서의 똥 . . . . 　55

3.1	고전에 나타난 똥 관념	55
3.2	'불결함'을 입다	58
3.3	농업의 발달과 똥의 가치	60
3.4	경제를 움직이는 에도의 똥	63
3.5	지볼트가 본 물의 도시 오사카의 분뇨선 . .	67
3.6	서구에서 볼 때 인분은 왜 '비료'가 아닌 걸까?	69
3.7	비료와 재배	73
3.8	썩은 흙을 고르다	78
3.9	똥을 비료로 만드는 기술 —『농업전서』의 지침	80
3.10	약의 배합과 요리의 버무림처럼	82

제4장 대립하는 똥의 이용과 처리 85
  4.1 아이치현 직물공장 역사서를 통해—「비료도장」. 85
  4.2 똥에게서 온 편지 88
  4.3 근대 일본 농업사에서의 하비 91
  4.4 지력 유지와 농민의 자구책 93
  4.5 농가 경제에서 바라본 비료와 똥 100
  4.6 도쿄가 크게 공격해 오다 103
  4.7 도시의 시선과 조롱 105
  4.8 '남의 일'로 바뀌다 108

제5장 도시에서 똥이 '오물'이 되다 111
  5.1 대량 배설의 시대 111
  5.2 아이치현의 도시화 113
  5.3 사회문제로 된 똥—전염병의 유행과 불결의 배제 115
  5.4 분뇨 수거 거부 운동 120
  5.5 위생 문제의 탄생과 분뇨를 '처리'한다는 발상 121
  5.6 도시민의 주장 123
  5.7 시 재원으로서의 분뇨처리 124
  5.8 분뇨처리를 시영으로 전환한다는 것 125
  5.9 분뇨통의 반란 128
  5.10 순환 경제의 구조 전환 130
  5.11 하비 이용과 분뇨처리의 공존 132

제6장 사라지는 똥의 가치 135
- 6.1 반전 만화로 똥을 그리다 135
- 6.2 오키나와 여학생의 이야기 139
- 6.3 전후 오키나와 수용소의 공동화장실과 드럼통 140
- 6.4 오키나와 돼지 변소의 역사와 퇴장 143
- 6.5 수세식 화장실의 보급과 미군기지 . . . 148
- 6.6 오키나와의 하수도 149
- 6.7 도시를 오가는 오물 마차 151
- 6.8 과학적 처리기술과 박테리아 153
- 6.9 청정채소란 무엇인가? 155
- 6.10 도쿄 올림픽과 하수도 160
- 6.11 초대량 배설의 시대-국철역의 화장실 사정 . 162
- 6.12 진공청소차의 탄생 164
- 6.13 청소 행정은 고유 행정 166
- 6.14 사회적 지위 제로였던 화장실 벽에 그림을 그리다 169
- 6.15 똥에서 본 사회의 단면 171
- 6.16 초고도 수세식 화장실의 시대—'엉덩이도 씻어주세요' 172
- 6.17 제균·항균·멸균·무균—똥이여 안녕 . . . 173

제7장 화장지 이전·화장지 이후 177
- 7.1 화장지 광시곡 1973 & 2020 177
- 7.2 그래도 엉덩이는 '종이'로 닦고 싶다 . . . 178

7.3	화장지 이전―똥과 풍토	179
7.4	똥과 계절의 정취	181
7.5	나가노현 엉덩이 닦기 지도	184
7.6	화장지 이전의 해외 사정	188
7.7	아사쿠사지―에도의 화장지	189
7.8	일본의 화장지 제조	191
7.9	세계의 화장지 천태만상	194

제 8 장 똥이 가르쳐 준 것 **199**

8.1	「오물」과 사회―「더럽다」라고 이름 붙여진 것들	199
8.2	'흙'은 더러운 것일까?	200
8.3	손과 여성	202
8.4	낙원의 똥-야만과 문명	204
8.5	19세기 파리의 똥과 괴물의 창자	207
8.6	고갱이 본 타히티의 똥	210
8.7	별과 함께 살아가는 사람들의 '우주'와 '세계'	212
8.8	고도의 경제성장기와 네팔의 소똥	216

에필로그 **219**

한국어판 서문

이번에 배설과 그에 관련된 사회와 문화의 역사를 주제로 한 이 책이 한국어로 번역되어 출판되는 행운을 얻게 되었다. 이 주제에 대해 더 많은 논의의 장을 마련해 주신 것과 한국의 독자 여러분을 만날 수 있게 된 것에 대해 진심으로 감사를 전하고 싶다.

제목만 보고 도대체 무슨 내용일까 하고 놀라신 분들도 많을 것이다. 일반적으로 이 주제를 정면으로 논의하는 것은 기피하는 경향이 있어 지금까지 체계적인 논의가 거의 없었던 것 같다. 하지만 일상생활을 살펴보면 과거 일본에서는 부뚜막 신竈神과 함께 화장실의 신厠神이 있다고 믿거나 아이의 건강한 성장을 기원하며 굳이 똥을 뜻하는 한자屎를 이름으로 사용하기도 하고 농업 생산량을 늘리는 비료로써 인분뇨를 귀하게 여기고 사용해 온 역사가 있다. 그리고 최근에는 만화나 학습지

한국어판 서문

등에서 똥 캐릭터가 큰 인기를 끌기도 한다.

기피하고, 경외하고, 추앙하고, 친근하고, 유용하게 쓰이는 동시에 혐오시되는 신비한 존재로서의 똥은 도대체 인간 사회에 어떤 존재일까? 그것은 바로 자연과 인간이 맺어온 관계의 역사 그 자체가 아닐까? 이 책은 그 물음에 역사학, 지리학, 사회학, 민속학 등을 넘나들며 답하고자 한 것이다.

나는 역사지리학과 농업사를 전공하고 있어서 지역 조사 과정에서 종종 인분뇨의 비료 이용에 관한 이야기를 듣고 관련 사료를 접할 수 있었다. 기억되고 기록된다는 것은 그만큼 중요했다는 증거다. 그 발견은 똥과 인간 사회의 관계사를 엮어 가는 원동력이 되기도 했다.

흙을 통해 똥과 인간이 풍요로운 관계를 맺어온 역사와 그 상실 과정을 밝히는 것은 자본주의 사회로의 전환을 논하는 '사회 경제사'이고 식량 증산을 실현하기 위한 '농업기술사'이며 자연과 인간의 관계가 구조적으로 변화하는 '환경사'이고 순환 세계와 인간의 위치를 묻는 '사상사'이기도 했다. 배설과 똥이라는 가장 친근한 사건은 참으로 다양한 주제를 아우르는 연구 플랫폼이라 할 수 있다.

그렇기에 이 주제는 요즘의 환경과 에너지 문제에 비추어 볼 때 매우 동시대적인 의미가 있다고 느껴진다. 전 세계를 둘러보면 배설과 똥을 둘러싸고 인간이 만들어낸 구조는 지역의 자연적, 사회적 조건을 반영하여 놀라울 정도로 다양하게 전개되고 있음을 알 수 있다. 따라서 지금이야말로 우리는 배설과 그에 관련된 사회와 문화의 모습을 마주하고 크게 논의해야 한다고 확신하게 된 것이다.

내가 그렇게 생각하게 된 또 하나의 이유는 전 세계 사람들이 거의 동시에 코로나 사태라는 공통의 위기를 겪은 경험 때문이기도 하다. 그것은 결코 겉으로 보기에 깨끗하지 않은, 생생하고 혼란스러운 인간이 사는 세상을 재인식하는 계기가 되었기 때문이다.

그럼에도 불구하고 배설을 둘러싼 여러 사건에 대해 서로 정보를 교환하고 토론하는 자리는 극히 드문 것이 현실이다. 이와는 반대로 살아가는데 필수적인 '먹는 것'에 대한 연구가 활발해지면서 다양한 논의가 전개되는 동시에 일상생활에서도 각국의 요리에 관한 관심이 높아지고 있다. 일본에서는 드라마, 음악, 영화의 인기와 영향은 물론 관광 등을 통해 그 어느 때보다 한국에 관한 관심이 높아져 김치, 김치찌개, 잡채, 순두부, 김밥, 떡볶이 등은 이미 친숙한 인기 음식이 되었다. 한국식당의 문전성시도 일상 풍경이 되었다.

그러나 이러한 풍부한 음식 이야기에 비해 우리는 한국의 화장실 사정이나 하수도 사정에 관해 이야기할 기회나 알 기회가 거의 없다. 예를 들어 영화 «기생충»에 인상 깊게 등장한, 높은 곳에 설치된 화장실에 대해 반지하주택의 구조나 역사와 연관 지어 설명할 수 있는 사람은 나를 포함해 거의 없었던 것 같다.

한국어판 서문

 또한 일본에서는 1964년 개최된 도쿄올림픽을 앞두고 하수도 정비가 진행되었는데 이에 비해 1988년 개최된 서울올림픽이 하수도 정비에 어떤 영향을 끼쳤는지를 논한 연구도 찾아볼 수 없었다. 주목할 만한 공중화장실 관련 독특한 법과 제도 등이 전개되고 있음에도 불구하고 이에 대한 정보 교류가 거의 없다는 것은 사실 매우 안타까운 일인지도 모른다. 이는 비단 한국과 일본에만 국한된 것이 아니라 전 세계 식생활에 비해 화장실과 배설에 관한 정보 공유가 압도적으로 적다는 데서 기인한다.

 '배설하는 것'을 그다지 의식하지 않더라도 일상을 편안하게 보낼 수 있게 된 사회에서 배설을 둘러싼 사건이나 똥은 그 존재가 잊혀 가고 있다. 어떤 사정으로 인해 배설이 어려워지지 않는 한 분명히 존재하는 것임에도 불구하고 사회적으로 전혀 주목받지 못하고 있다. 그러나 그것은 어쩌면 삶의 절반을 놓치고 있다는 것과 동의어일지도 모른다. 이 지구상에서 인간이 다양한 자연환경, 사회환경 속에서 터득한 '삶의 기술', 즉 살아가는 동안 매일같이 반복되는 '배설'과 그 이후의 처리에 관한 구조와 문화는 식문화와 마찬가지로 오랜 역사 속에서 다양성과 창의성이 풍부한 세계를 만들어 왔다. 이 책에서 논한 '하비下肥'라는 비료를 만드는 기술도 그중 하나에 지나지 않는다.

 이런 논의가 많지 않은 것을 아쉬워하던 차에 출판하고 보니 예상외로 많은 반향을 불러일으킨 것은 반가우면서도 놀라운 일이었다. 관련 서적의 출간이 잇따랐을 뿐만 아니라 국내외에서 관련 영화와 연극 등이 발표되는 등 조금씩 배설물을 둘러싼 이슈에 관한 관심이 높아지기 시작했다. 이를 넓은 시야로 바라보면, 어쩌면 문명론적인 의미가 있을지도 모른다는 생각까지 들게 된다. 이는 프랑스 화가 폴 고갱이 '우리는 어디서 왔고, 우리는 무엇이며, 우리는 어디로 가는가'라는 제목에 담은 메시지와도 공명하는 것 같다는 생각이 든다면 지나친 비약일까?

환경에 관한 문제도 삶이라는 주제도 가까운 사건과 연결될 때 비로소 자신의 문제로 받아들일 수 있다. 이 책을 통해 만난 독자 여러분과 인연을 맺어 전 세계 사람들과 '똥은 어디서 와서 어디로 가는가'라는 질문에 대해 함께 고민하고 많은 토론을 나누고 싶다.

유자와 노리코

프롤로그

내가 나무를 심고, 내가 씨앗을 뿌리고, 내가 집을 짓고, 내가 땀을 흘리며, 내 배설물을 품고, 우연히 죽은 내 집의 개·고양이·닭 몇 마리를 묻은 3천 평에도 못 미치는 땅이 지금은 나에게 옷처럼, 오히려 피부처럼 있다. 지내면 편하고 떠나면 괴롭고 그것을 잃는다는 걸 상상할 수 없을 정도로 애착이 생겨났다. 나 자신을 통해 사람을 살펴보면 조상 대대로 흙의 사람인 농사꾼의 흙에 대한 감정 또한 그 일면을 엿볼 수 있다. —도쿠토미 로카[1]

살아가는 데 있어 가장 중요한 것은 무엇일까?

이 질문에 '먹는 것'이라고 대답하는 사람은 있어도 '똥 싸는

---

[1] 『지렁이의 농담(蘆花全集 第九卷 みみずのたはこと)』新潮社, 1930. [역주] 도쿠토미 로카(德富蘆花, 1868~1927)는 일본의 소설가로 베스트셀러가 된 소설 『불여귀(不如歸)』(1899)와 기독교의 영향을 받은 자연 묘사 작품 『자연과 인생(自然と人生)』(1900) 등이 유명하다. 사상가이자 저널리스트인 도쿠토미 소호(德富蘇峰)의 동생이다.

프롤로그

것'이라고 대답하는 사람은 많지 않다. 하지만 『똥과 오줌의 개호학』의 저자 미요시 하루키가 '오늘 어떻게 먹는가 하는 것 속에 자아실현이 있다. 오늘 어떻게 배변을 하는가 하는 것 속에 자아실현이 있다[2]'라고 말한 것처럼 똥을 눈다는 것은 생명체에게 먹는 것과 마찬가지로 살아가는 데 없어서는 안 될 가장 중요한 것임이 틀림없다. 갓 태어난 아기를 돌보는 사람, 간병이나 병원 현장에 있는 사람, 그리고 어떤 이유로든 똥을 누지 못하는 상황에 놓인 사람들은 그것을 매일매일 실감하고 있지 않을까.

반대로 평소 그 '불편함'을 실감할 일이 적은 사람에게는 자신 또는 '사는 것'과 '똥'을 연관 지어 생각하는 것 자체가 뜻밖의 일로 기이하게 느껴질 수도 있다. 아침마다 화장실에서 한 번도 눈에 띄지 않고 물에 씻겨 내려간다면 그것은 가장 '가까운 것'임에도 불구하고 '가까운 것'이라는 것을 완전히 잊어버릴 정도로 먼 존재가 될 수도 있다.

칠순이 넘은 지인은 아직도 일본식 수세 화장실에서 서양식 화장실로 개조하는 것을 꺼린다고 한다. '왜냐면 나의 몸 상태를 확인하기 어렵다'라는 것이 그 이유라고 하니 놀랍다. 하지만 생각해 보면 말 그대로 '물에 흘려보내는' 수세식 화장실로 인해 똥과 우리의 거리는 멀어졌고, 더구나 재래식 변기

---

[2] 미요시 하루키(三好春樹) 『똥과 오줌의 개호학 – 배설 케어야말로 존엄을 지키는 케어(ウンコ・シッコの介護学 — 排泄ケアこそ尊厳を守るケア)』新装版, 雲母書房, 2019, 225쪽.

에서 양변기로 바뀌면서 우리는 일상생활에서 똥과 '마주하는' 일이 현저히 줄어들었다. 그렇게 생각한다면 구조상 마주하지 않아도 되게 되었다고 할 수 있다.

그런데도 왠지 모르게 똥은 아이들에게 언제 어디서나 절대적인 인기를 누리고 있다. 예를 들어 최근 보기 드물게 학습 교재의 베스트셀러로 꼽히는 것 중 하나가『똥 드릴[3]』이다.

아이들은 '반복 학습'을 많이 하지만 집중력을 유지하기가 쉽지 않다. 그래서 집중력을 잃지 않고 즐겁게 웃으면서 몰입해서 학습할 수 있는 마법의 단어로 '똥'을 사용한 이 반복 학습을 부끄러워하거나 분개하기보다는 '역시 아이들은 좋아하니까', '왜 지금까지 이 아이디어를 몰랐을까' 하고 수긍한 것이 아마도 필자뿐만은 아닐 것이다. 아동도서 중 베스트셀러인『누가 내 머리에 똥 쌌어?[4]』에도 '똥' 캐릭터는 등장한다.

아이에게 똥은 가장 먼저 만나는 가장 친숙한 '자신'이자 '타자'이다. 분명 그 '친근함'과는 또 다른 '알 수 없는 낯섦'이 아이들을 '똥'에 매료시키는 것이 아닐까 하는 생각이 들기도 한다.

---

3) 똥 드릴(うんこドリル): 분쿄사(文響社)에서 내놓은 아동 학습지 시리즈의 타이틀. [역주] 드릴(drill)은 학습자의 기본적 기능이나 능력을 향상시키기 위해 되풀이하여 연습하는 일이다.

4) [역주]『누가 내 머리에 똥 쌌어?』는 독일의 아동문학 작가 베르너 홀츠바르트와 볼프 에를브루흐가 지은 동화책으로 1989년 독일 페터 함머 베를라그에서 출판하였으며 전 세계적인 인기를 거뒀다. 한국에서는 1993년 12월 사계절에서 처음 출간하였다.

프롤로그

초등학생이 연습장에 그린 똥 그림

아이들의 연습장을 들여다보면 어느 시대나 똥은 인기 있는 모티브임을 알 수 있다. 연습장 곳곳에 유머러스하게 등장하는 똥의 모습에서 아이들의 똥에 대한 친밀감을 엿볼 수 있다. 필자의 아들도 예외는 아니어서 당연히 위와 같은 똥 그림을 많이 그렸다.

그리고 내가 좋아하는 일러스트레이터 요리후지 분페이는 그의 저서 『똥의 마음』에서 이렇게 말하고 있다.

> 똥은 내 어린 시절의 영웅이었다. 화장실, 책상, 운동장, 벽, 겨울날 김 서린 유리창.... 모든 곳에 똥을 그려 넣었다. 그림 그리는 재미를 알려준 것도 똥이었다[5].

---
5) 요리후지 분페이·후지타 고이치로(寄藤文平·藤田浩一郎)『똥의 마

하지만 시대가 흐르면서 똥은 점차 그 '친근함'을 잃어갔고 그로 인해 '낯섦'이 커지면서 아이들뿐만 아니라 어른들에게도 '보고 싶지 않은 것', '보이지 않는 것', '낯선 세계의 것'이라는 불확실성을 가지게 되었다. 거의 매일 마주치그 있음에도 불구하고 말이다.

그 결과 이제 그것은 '자신'이라기보다는 '타자'이고 만지고 싶지 않은 '오물'로 인식되는 경우가 많아졌다. 그리고 '오물'로 명명되는 순간 우리는 똥에 대해 깊이 생각하는 것을 멈춰버린 것은 아닐까?

역사 연구를 하다 보면 서두의 도쿠토미 로카의 글처럼 한때 똥과 인간은 흙을 매개로 한 '생명'을 둘러싼 고리 속에서 복잡하고 끊을 수 없는 그러면서도 풍요로운 관계를 맺고 있었다는 것을 실감할 때가 많다. 오명^{stigma}으로 인해 배척당하는 존재가 되기 전의 똥의 세계다.

그래서 이렇게 말할 수 있을지도 모른다. 똥은 오물로 태어나는 것이 아니라 오물이 되는 것이라고. 그리고 이제 더 이상 똥은 오물이라는 인식조차도 없이 한순간에 물에 떠내려가고 다음 순간에는 눈앞에서 사라져 그 존재가 없었던 것처럼 잊혀져 버린다.

그렇다면 똥은 도대체 어떤 과정을 거쳐 그런 상황에 이르

음-행복한 똥 생활 추천(うんココロ-しあわせウンコ生活のススメ)』 実業之日本社, 2005 (2010년판 6쪽).

프롤로그

렀을까? 그리고 그 과정에서 우리는 똥에 대한 인식을 삶의 의미를 세상에 대한 이해를 어떻게 변화시켜 왔을까?

똥은 어디에서 와서 어디로 가는 것일까[6].

이 책에서는 그 역사를 엮어가며 '나'이면서 '타자'이기도 한 똥을 마주하고 '친근함'과 '낯섦'이 엮어내는 똥과 우리의 관계 세계를 생각해보고자 한다.

---

6) [역주] 이 책 일본어판 제목의 직역이다.

제 *1* 장

똥이란 무엇인가?

1.1 똥은 '더럽다'?

오늘날 똥은 '오물'이라고 불린다. 그래서 아마 우리 대부분은 똥을 의심 없이 '오물'이라고 생각하며 현대사회를 살아가고 있을 것이다. 그런데 과연 똥은 '더러운' 것일까?

2019년 10월, 나는 '식食·농農·환경의 연결'이라는 주제의 강의에 참여한 고등학생 56명을 대상으로 강의 전에 '똥은 더러운가'라는 주제로 긴급 설문조사를 실시했다. 그 결과 '더럽다'라고 답한 학생은 49명(87%), '더럽지 않다'라고 답한 학생은 6명(11%), '둘 다 아니다'가 1명(2%)으로 대부분 '더럽다'라고 답했다.

그 이유를 살펴보자. 먼저 '더럽다'라고 답한 이유는 다음과 같았다.

제 1 장 똥이란 무엇인가?

- 선입견이 너무 강해 더럽지 않다고 생각하기 어려워서
- 그런 인식이니까
- 더러운 물건이라고 배웠으니까
- 오물의 대명사라서. 오물로 표현되는 경우가 많아서
- 세균이 많고 냄새가 나니까
- 냄새가 불쾌해서
- 색이 더러워서
- 위생적으로 좋지 않기 때문에
- 정신 위생상, 더러워서
- 이물질이라서
- 내 몸에 불필요한 것을 모아놓은 것이니까. 나와는 관계가 없어진 것이니까
- 미지의 존재이기 때문에
- 만지고 싶지 않아서

그 이유는 크게 ①'오물', '더러운 것'이라는 학습과 선입견 ②냄새나 색이 불쾌하다 ③세균이 많다 ④위생적이지 않다 ⑤미지의 존재, 이물질, 자신과 상관없다 ⑥만지고 싶지 않다 등으로 나뉜다. '선입견'이나 '인식' 혹은 '학습'에 의해 '더럽다'라고 생각하는 것이 흥미롭다.

1.2 똥은 '더럽지 않다'?

다음은 '더럽지 않다'라고 답한 학생들의 의견이다. 인원은 적지만 그 이유를 비교적 긴 문장으로 정성스럽게 설명한 점이 인상적이었다.

- 똥은 음식물이 소화되어 몸 밖으로 나올 때의 모습이다. 배설한 것이기 때문이다.

● 1.2 똥은 '더럽지 않다'?

- 똥은 화장실에 버리기 때문에 더럽다는 이미지가 있지만, 예전에는 밭의 거름으로 사용했고 동물의 똥은 지금도 사용하고 있다. 그리고 우리 몸속으로 형태를 바꿔서 들어온다. 그런 흐름을 생각하면 더럽게 느껴지지 않으니까
- 원래는 음식이니까
- 더러운 개념 자체가 인간이 만들어낸 생각일 뿐이니까
- 초식동물의 똥은 그다지 냄새가 나지 않으니까. 유익하니까
- 나는 평소에 돼지나 닭의 똥을 치우기도 하고 비료로도 사용하고 있어서 더럽다고 생각하지 않는다. 그리고 그 음식을 먹으니까. '먹는다'라는 행위를 하는 이상 당연하다! 하지만 깨끗하다는 건 아니다! 더럽지도 않다!

사실 이 설문에 응해준 고등학생들은 원래 '농업'과 '환경'에 관심이 많고, 실습수업을 통해 일상적으로 농업과 축산 동물 사육에 관여하고 있다. 그래서인지 '더럽지 않다'라는 이유가 상당히 구체적이라는 것이 특징이다. 즉, 이번 설문조사 결과가 고등학생 일반의 의견이라고 할 수는 없지만, 반대로 말하면 농업과 환경에 관심이 있는 고등학생들조차도 대부분 똥은 '더럽다'라고 인식하고 있다는 점에 주목할 필요가 있다.

또한 56명 중 한 학생은 '더럽다는 개념 자체가 인간이 만들어낸 생각에 불과하다'라는 날카로운 고찰을 덧붙이고 있다. 이는 이 책의 문제의식과도 일맥상통하는 것으로 곱씹어볼 대목이다.

1.3 남의 일과 나의 일

똥은 '더럽다'라고 답한 학생들은 '자신과 상관없다', '이물질'이라고 답했지만 '더럽지 않다'라고 답한 학생들은 '자기 몸', '음식'과 '관계가 있다'라고 답했다. 전자는 똥을 '남의 일'로 치부하고 있지만, 후자는 똥을 '나의 일'로 받아들이고 있다고 볼 수 있다. 똥을 '남의 일'로 볼 것인가 '나의 일'로 볼 것인가에 대해 조금 더 생각해보자.

나는 갓 태어난 아이의 똥을 매일 보던 시절이 있다. 기저귀를 갈아줄 때, 나는 신기하게도 똥을 '더럽다'라고 생각하지 않았다. 오늘도 좋은 똥이 나왔구나, 조금 느슨하지만 괜찮겠지, 평소와 냄새가 다르네, 어? 서 있는 상태에서도 쌀 수 있구나! 라든지. 매일매일 똥에 일희일비하면서 기저귀를 갈아주던 때가 생각난다. 요즘은 매일 함께 사는 고양이들의 똥을 모래에서 파내면서 역시 오늘도 다들 잘 지내는구나 하고 기뻐하기도 하고 걱정하기도 한다.

아버지에 대한 추억 중에서 한 대목. 아버지가 아기(나)와 함께 목욕탕에서 나와서 '오늘 목욕물에 귤껍질이 들어 있었지? 꽤 좋던걸'하고 어머니에게 말했더니 '어? 귤껍질 같은 거 안 넣었어'라는 대답이 돌아왔고, 그것이 아기(나)의 똥이었다는 사실에 크게 웃으셨다고 한다. 이때도 역시 아버지와 어머니는 내 똥을 더럽다고 생각하지 않았던 모양이다.

1.4 '더럽다'라는 것은 무슨 뜻일까?

여기서 중요한 것은 어떤 경우든 더러운 물건이어야 할 똥은 결코 '더러운' 것으로 취급되지 않는다는 것이다. 도대체 왜 그럴까?

애초에 '더럽다'라는 것은 어떤 의미일까? 우선 일본어사전을 찾아보자.

더럽다汚い는 것은 '①더러워서 만지고 싶지 않은 마음이 들게 하는 모양. 불결하다 ②질서나 조화가 이루어지지 않아 불쾌한 느낌을 주는 것. 지저분하다 ③저속하다 ④생각이나 태도 등이 좋지 않다. 비열하다 ⑤욕심이 많다. 인색하다'라고 되어 있다.

과연 '①더러운 손으로 만지면 안 된다 ②글씨가 더럽다 ③더러운 말투 ④더러운 방법을 쓴다 ⑤품성이 더럽다' 등의 용례 역시 모두 거부감 없이 이해할 수 있고 친숙하다.

하지만 곰곰이 생각해보면 '더럽다'라는 단어가 갖는 의미는 모두 '만지고 싶지 않다', '불쾌하다', '저속하다', '비열하다', '인색하다' 등 더럽다고 하는 대상(객체) 자체의 특징이라기보다는 그것을 대하는 사람(주체)의 가치판단에서 비롯된 일종의 '평가'라는 것을 알 수 있다. 즉, '더럽다'라고 명명되는 것은 그 자체가 더러운 것이 아니라 '더럽다고 여겨지는 것'이라는 쪽이 더 정확한 설명이 될 것이다.

아이의 똥을 매일 보던 시절의 나, 고양이 똥을 매일 보는 지금의 나, 아기를 키우던 시절 부모(주체)가 아이나 고양이의 똥(객체)에 대해 '더럽다'라고 평가하지 않았던 것은 똥 자체가 자신의 아이나 함께 사는 고양이의 일부 혹은 건강 상태를 이해하기 위한 분신처럼 인식하고 있었기 때문으로 여겨진다.

1.5 주체와 객체

그렇다면 똥 자체가 '절대적으로' 오물이라기보다는 어떤 시점에 어떤 조건에서 그리고 어떤 주체에 의해 '상대적으로' 오물이라고 명명되고 그것이 널리 정착되어 오늘에 이르렀다고 볼 수 있지 않을까.

세토구치 아키히사의 『해충의 탄생』에도 이와 비슷한 내용이 담겨 있다.

> 오늘날 우리에게 '해충'은 귀찮고 혐오스러운 존재로 보통은 제거해야 할 대상이다. 하지만 역사적으로 보면 이는 결코 당연한 일이 아니다[1].

이 책에 따르면 바퀴벌레가 현재와 같이 친숙한 '해충'이 된 것은 사실 전쟁이 끝난 뒤인 아주 최근의 일이다. 에도시대^{江戸時代}[2]에는 바퀴벌레가 출몰하기 위해서는 먹을 것이 풍부하고 겨울에도 따뜻한 집이라는 조건이 갖춰져야 하는데 이는 비

---

1) 세토구치 아키히사(瀬戸口明久)『해충의 탄생 – 벌레에서 본 일본사(害虫の誕生 — 虫からみた日本史)』ちくま新書, 2009, 7쪽.
2) [역주] 도쿠가와 이에야스가 세운 에도 막부가 일본을 통치한 1603년부터 1868년까지의 시기.

교적 부유한 집에 한정되어 있었기 때문에 한때는 바퀴벌레가 '부유함'의 상징이었다는 설도 있다고 한다. 그렇다면 왜 바퀴벌레는 '해충'으로 명명되고 인식되게 된 것일까? 거기에는 어떤 계기가 있을 것이다.

그런데 똥과 관련된 유명한 벌레라고 하면 '소똥구리'가 있다[3]. 딱정벌레목 풍뎅이과의 곤충으로 그 동료뻘인 '왕쇠똥구리'는 고대 이집트에서는 '신성한 딱정벌레'로 여겨졌다고 한다. 고대 이집트인들에게 이 벌레는 불결함의 상징이 아니라 죽음과 부활·재생·환생을 연상시키는 존재였다. 무에서 스스로를 창조한 태양신 케프리^{Khepri}는 어둠 속에서 태양을 굴려 매일 아침 새롭게 떠오르게 한다. 왕쇠똥구리도 구슬(똥)을 지하세계로 굴려 내려가 새롭게 태어나는 애벌레로 변화시킨다. 풍뎅이를 뜻하는 말이나 왕가의 계곡 벽화에 그려진 그림은 '태어난다'라는 의미를 지니며 귀금속, 보석, 상아 세공의 모티브로도 이용될 정도로 숭배의 대상이 되었다[4]. 덧붙이자면 고대 이집트에서는 인분을 우상의 반열에 올려놓고 똥 자체를 숭배하기도 했다[5].

---

3) 2019년 11월 17일 나라현 나라시에 있는 '나라마치 똥벌레관(ならまち 糞虫館)'을 방문하여 나카무라 게이치(中村圭一) 관장의 도움을 받았다.
4) David Waltner-Toews, *The Origin of Feces: What Excrement Tells Us About Evolution, Ecology, and a Sustainable Society* / 片岡夏実訳『排泄物と文明―フンコロガシから有機農業, 香水の発明, パンデミックまで』築地書館, 2014, 12~13쪽.
5)『똥에 대해 이야기해봅시다, 진지하게』일본어판 11쪽. p44 각주 참고.

제1장 똥이란 무엇인가?

그렇다면 똥은 언제부터, 누구에 의해, 왜 더러운 것으로 인식되기 시작했을까? 동서고금을 막론하고 똥은 예나 지금이나 변함없이 더러운 것이 아니라면 도대체 어떤 과정과 역사적 변천을 거쳐 '오물'로 변용되어 버린 것일까? 왜 똥이 오물로 불리게 되었는지 어떤 점에서 더러운 것인지 대답하기 쉬울 듯하면서도 어려운 질문을 먼저 마주해보고자 한다.

우리에게 가장 가까운 이웃이자 타자이기도 한 똥이 도대체 어디서 왔고 어디로 가고 있는지를 들여다봄으로써 어떤 대상에 대해 '더럽다'라는 주체의 가치판단이 만들어지는 사회의 모습을 이 책에서는 역사학과 지리학이 겹친 시점에서 생각해 보고자 한다.

1.6 더러움 · 깨끗함 · 맑음

이 논의를 진행하면서 먼저 몇 가지 단어와 글자에 대해 '처음'과 그 기원을 되짚어보고자 한다.

똥을 누는 곳인 화장실을 일본어로 '후조不淨'이라고 부르기도 한다. 후조란 더럽다는 뜻이다. 현재의 하수처리 기술에는 '정화조淨化槽'라는 것이 있는데 이는 오물을 정화하여 깨끗하게 만드는 장치이다.

자, 지금 이야기 속에는 모두 '삼수변 氵'이 들어가는 한자 세 개가 들어있다.

그것은 '오汚'와 '정淨'과 '청淸'이다. 각 한자의 유래를 살펴보면 '물'에 대해 다음과 같은 세 가지 상태를 나타내는 것임을 알 수 있다.

「오汚」 움푹 팬 곳에 고인 물

「정淨」 물을 흘려 씻어내다

「청淸」 물이 깨끗하게 맑아지다

움푹 팬 곳에 고인 물汚에 물을 흘려淨 깨끗하게 맑아진 물淸로 만드는 일련의 흐름은 바로 정화하는 과정을 의미한다. '정淨'은 ①더러움이 없고 깨끗한 것 ②깨끗하게 하는 것이므로 화장실을 뜻하는 '후조不淨'는 '깨끗하지 않은 것'을 나타내는 것이 된다. '더러움'이라는 직접적인 표현은 피했지만, 여전히 화장실은 '더러운' 장소로 인식되는 것이다.

1.7 일본어의 두가지 '더러움'

또한 '더러움'은 일본어로 '요고레汚れ'라고 읽을 수 있지만 '케가레汚れ'라고도 읽는다. '케가레'로 읽는 경우 한자를 바꾸어 '케가레穢れ'라고 쓰기도 한다. '요고레'는 표면적인 더러움으로 물로 씻어내는 등의 세정 행위로 제거할 수 있지만 '케가레'는 영구적·내면적인 더러움으로 정화의식 등을 통해서만 제거할 수 있는 것이다. 예를 들어 장례식을 마치고 집에 돌아왔을 때 집에 들어가기 전에 소금을 이용해 액막이하는 행위 등이 여기에 포함된다.

그렇다면 똥이 '오물'로 명명될 때 그것은 '케가레'라기보

제1장 똥이란 무엇인가?

다는 '요고레'에 가까운 의미라고 볼 수 있다. 화장실에서 나올 때 우리는 어떤 의식을 하는 것이 아니라 그저 손을 '씻을' 따름이다. 다만 일본의 근대기에 이르러서는 때때로 분뇨를 '오물汚穢'이라고 부르는 경우가 많다는 점에 유의할 필요가 있다. 더럽고 더러워진다는 것은 무슨 뜻일까? 거꾸로 말하면 '더러움'이라고 불리게 된 현상에 주목함으로써 사람들이 똥에 대해 어떤 의미를 새롭게 부여하고 어떤 인상을 느끼게 되었는지를 생각해 보아야 할 것이다.

부정不淨 및 청정淸淨과 비슷한 말로 '불결不潔'과 '청결淸潔'이 있다. '결潔'이라는 한자에도 역시 삼수변氵이 붙는다. '결潔'은 '①깨끗하다. 더러움이 없다. 행실이 바르고 사심이 없다 ②마음과 행동을 깨끗하고 바르게 하다'라는 뜻으로 한자 자체의 유래는 더러움을 없애고 깨끗하게 한다는 뜻이다.

공중위생학으로 '청결'을 설명하면 청결한 상태는 '미생물이 없는 상태'를 말한다. 세균이나 곰팡이가 번식하기 쉬운 신체 표면과 그 주변 환경을 정화하는 것 즉 무균 상태에 가까워지는 것을 말한다[6].

또한 수엘렌 호이가 쓴 『청결 문화의 탄생[7]』에 따르면 청결 문화의 발상지는 미국으로 중산층의 '가치관'의 영향을 강하게

---

6) 오노 요시로(小野芳朗) 『'청결'의 근대 – 「위생창가」에서 「항균용품」으로(「衛生唱歌」から「抗菌グッズ」へ)』講談社選書メチエ, 1987, 38쪽.

7) Suellen Hoy, *Chasing Dirt: The American Pursuit of Cleanliness* / 椎名美智訳, 富田太佳夫解説 『清潔文化の誕生』紀伊國屋書店, 1999

받아 탄생하였다고 한다. 물론 오늘날의 일본도 '깨끗함'이 필요 이상으로 요구되는 사회가 되었다는 것은 필자뿐만 아니라 독자 여러분도 분명 느끼고 있을 것이다.

하지만 여기서 유의해야 할 것은 '청결'이 어떤 가치관에 의해 만들어진 것이라면 그 반대의 의미를 가진 '불결'도 역시 어떤 가치관에 의해 만들어진 것이라는 점이다.

1.8 한자로 보는 똥

그렇다면 다시 한번 똥이란 무엇일까?

일본어로는 '운코ぅんこ'라고 하는 데 사전을 찾아보면 '대변을 가리키는 유아어, 똥이라고도 한다'라고 적혀 있다. 여기서 '운ウン'은 배에 힘주는 소리 '코コ'는 접미어다. 하지만 이것만으로는 설명의 깊이가 부족하다. 그러면 '똥'을 한자로 써보자. 그러면 '대소변' 외에 '변便', '분糞', '하下', '시屎' 등이 있음을 알 수 있다. 그리고 똥에는 정말 다양한 표기가 있다는 사실에 놀라게 된다. 하나의 사물에 대한 표현의 풍부함은 그 사물이 가진 의미의 다양성, 다면성, 인간과 관계 맺는 방식이 복잡하고 변화무쌍하다는 것을 나타낸다.

예를 들어 눈이 많이 내리는 지역에서는 '눈'에 대한 다양한 표현이 존재한다. 연료, 비료, 건축자재 등 다양한 용도로 '나무'와 마주했던 시대의 사람들은 오늘날의 우리와 달리 '나무'를 수종, 용도, 계절 등으로 세밀하게 명명하고 구분할 수 있는

제1장 똥이란 무엇인가?

것처럼 말이다. 즉, 똥을 둘러싼 풍부한 표현을 지니고 있다는 것만으로도 우리와 똥과의 관계의 다양성, 복잡성을 떠올리기에 충분하다고 할 수 있다. 그 세계를 조금 더 파헤쳐 보자.

먼저 '대변'이다. 대변은 '항문을 통해 배출되는 음식물 찌꺼기나 장 점막 분비물 등의 덩어리'이다. 건강한 사람은 하루에 100~250g 정도를 배출한다. 놀랍게도 대부분이 수분으로 전체의 65~80%를 차지한다. 담즙 색소나 기타 대사산물에 의해 색이 정해지고 인돌, 스카톨, 황화수소 등이 냄새를 형성한다. 동물 단백질을 많이 섭취하면 색이 검어지고 냄새가 심해지는 것으로 알려져 있다.

또한 당연한 이야기지만 입으로 섭취한 '음식물'이 몸을 통과해 항문을 통해 배출된 것이 똥이다. 입으로 섭취할 때는 물론 '오물'이 아니었던 것이 배출될 때는 '오물'로 변신하는 것도 생각해 보면 참 신기한 일이다. 도쿄대 공과대학을 졸업하고 구 철도성[8]의 기술자로서 당시 역 화장실 문제를 담당했던 후지시마 시게루는 저서 『화장실 부장』에서 유머를 섞어가며 이런 말을 했다. '부엌에서 음식을 만들어 먹고 소화기 말단에서 변기에 배설하는 등의 순서를 우리는 매일 반복하고 있다. 그러고 보면 인간이라는 존재는 건축학적으로 말하자면 부엌과 변소를 연결하는 일종의 관과 같은 존재로 우리는 이 관을 유지하기 위해 매일매일 열심히 일하고 있는 셈이다[9].'

---

8) [역주] 현재의 JR. 일본 국유철도.
9) 후지시마 시게루(藤島茂)『화장실 부장(トイレット部長)』文藝春秋

1.9 똥의 깊은 의미

다음은 '변便'과 '분糞'이다. 이 두 글자는 똥이 '친근'했던 시절의 세상을 꽤 정확하게 상징하고 있어 소개하고자 한다. 먼저 '변便'이라는 한자에는 말 그대로 '소식'이라는 것과 '편안하다'라는 두 가지 의미가 있다. 더러운 부정적인 이미지는 조금도 느껴지지 않는다는 점이 먼저 놀랍다. 오히려 '편안하다'라는 의미에는 상당히 긍정적인 이미지까지 느껴진다.

'분糞'이라는 한자에도 중요한 의미가 담겨 있다. 필자는 오랫동안 똥이란 내가 먹은 '밥'이 '다른 것'이 되어 나온다는 뜻으로 알고 있었다. 그래서 과연 '순환'의 세계를 뜻하는구나 하고 스스로 납득한 적도 있다. 하지만 진짜 의미는 사실 그렇지 않다고 한다. '분糞'이란 어원적으로는 '밭에서 양손으로 뿌리는 것'을 의미한다는 설도 있다[10]. 이는 '똥'이 비료라는 것을 상상하게 한다. 실제로 '분糞'이라는 한자의 뜻에는 '똥' 말고도 '비肥[11]'라는 뜻과 '배培[12]', '불払', '소掃[13]' 등의 뜻도 있다.

新社, 1960, 14쪽.
10) 가네코 사다후미(金子貞文)『인공신체론-또는 똥을 누지 않는 신체에 대한 고찰(人工身体論 — あるいは糞をひらない身体の考察)』青弓社, 1990, 19쪽.
11) [역주] 肥. 비료, 거름, 비유적으로 나중에 도움이 되는 것.
12) [역주] 培. 가꾸다, 기르다, 재배하다, 배양하다.
13) [역주] 払, 掃. 먼지·휴지 등을 없애서 깨끗하게 하다, 방해가 되거나 필요 없는 것을 제거하다.

제 1 장 똥이란 무엇인가?

이처럼 똥에 담긴 의미를 모른다는 것은 똥의 참모습을 모른다는 것과 마찬가지라고 해도 과언이 아니다. '밭에 뿌린다'라는 행위에 대해서는 3장 이후에서 자세히 설명하기로 하자.

'하下'는 허리 아래를 의미하며 뒤집어 말하면 대소변을 가리키는 것이기도 하다. 더 나아가 '저속하다'라는 의미도 있지만, '더럽다'라고 하는 주체에 의한 '평가'가 아니라 위냐 아래냐 하는 물리적 위치를 명칭으로 삼은 점이 흥미롭다.

'시屎'라는 한자는 상용한자가 아니기 때문에 일반적인 일본어 문장에서는 사용되지 않으며, 소변과 대소변을 합친 '시뇨屎尿'라는 단어도 오늘날에는 일반적으로 '분뇨糞尿'라고 표기한다[14]. 그런데 이 한자를 분해하면 '미米'와 '시尸'가 된다. '시尸'는 주검 '시屍'와 통한다. 즉, '시屎'는 '쌀의 찌꺼기'라는 뜻이 된다. '음식물 찌꺼기'라는 정의와 비슷해서 흥미롭다. 또한 '음식'의 상징으로 '쌀'이 설정된 것도 중요하다. 그렇다면 빵이나 파스타가 대중화된 오늘날에는 '시屎'의 '쌀米' 부분을 '보리麦'로 바꿔 넣은 한자가 있어도 괜찮을 듯하다.

---

[14] [역주] 일본은 2차대전 이후 고등학교 수준의 한자 약 1800자를 당용한자(当用漢字)로 규정했고 이후 이를 개정하여 상용한자(常用漢字)로 정의해 사용하고 있다. 상용한자에서 벗어난 한자의 경우 다른 한자로 대치하거나 아예 가나로 발음만 표기하여 사용하는 것을 권장한다. 고등학교 교육을 받았다면 모두 읽을 수 있는 문장을 사용한다는 취지의 정책이다.

1.10 지역 고유성으로서의 똥

이렇게 생각해 보면 '더러운', '오물'이라는 한 마디로 치부하기 이전의 똥에는 깊은 의미와 역할 그리고 뜻밖의 역사가 담겨 있다고 할 수 있을 것 같다. '더럽다'라는 단어가 한순간에 덮어버려서 보이지 않게 되는 한 발자국 앞의 세계, 그냥 흘려보내고 잊어버리기에는 아까운 그 눈부신 세계를 가만히 바라보면서 필자는 똥이 걸어온 발자취를 진지하게 고민해야 한다는 생각을 하게 되었다.

이러한 문제의식을 바탕으로 이 책에서는 일본의 역사를 중심으로 중세부터 근세(3장), 메이지·다이쇼 시대를 중심으로 한 근대(4장·5장), 전후와 고도 경제성장기를 거쳐 현재에 이르기까지 우리와 똥의 관계(6장)를 시대순으로 추적해 나간다[15].

그 과정에서 일본 전체라는 관점뿐만 아니라 똥을 둘러싼 각지의 '지역 차'에 대해서도 조명해 보고자 한다. 똥을 누는 것은 공통적이지만, 어떻게 누는지, 그 후에 어떻게 하는지, 사회 속에서 똥은 어떻게 취급됐는지, 사람들과 똥은 어떤 관계를 맺어왔는지는 지역에 따라 매우 다양하기 때문이다. 잘 알려지지 않았지만, 전후 똥의 행방에 깊이 관여한 하수도 행정은

---

[15] [역주] 일본사를 구분할 때 중세는 가마쿠라·무로마치 막부와 전국시대까지, 근세는 에도 막부, 근대는 메이지 유신(1868년) 이후, 현대는 태평양 전쟁 패전(1945년) 이후로 보통 얘기한다. 전후라고 하면 태평양 전쟁 패전 이후를 말한다.

제1장 똥이란 무엇인가?

그야말로 지역의 '고유 행정'의 요체였다[16]. 인구 규모, 지형, 기후, 산업구조, 사회구조, 역사, 관습, 가치관 등의 차이에 따라 똥의 운명은 크게 좌우됐다고 해도 과언이 아니다.

그렇다면 똥을 둘러싼 지역적 차이는 일본 각지뿐만 아니라 세계 각지로 시야를 넓혀 논할 수 있을 것이다. 그리고 똥의 운명을 추적하는 것은 단순한 역사 연구에 그치지 않고 지극히 현대적 과제와도 연결되는 것 같다.

그래서 역사의 본론에 들어가기 전에 먼저 다음 장에서는 세계의 현대적 과제와 똥의 관계에 대해 필자가 직접 체감한 두 가지 사건을 언급하고자 한다.

---

16) 구도 쇼하치(工藤庄八)『나의 청소사(私の清掃史)』私家版非売品, 1987, 485쪽.

제 2 장

세계가 똥에게 요구하는 것

가장 친근한 SDGs[1]

2.1 일본의 과거와 케냐의 현재

지금으로부터 약 1백 년 전 아이치현의 하비下肥(사람의 분뇨를 이용한 비료)와 분뇨를 둘러싼 연구, 즉 똥의 역사 연구(제4·5장에서 상세히 설명)를 진행하던 중 어느 세미나에서 바로 '똥'에 대한 이야기를 하지 않겠느냐는 제의를 받았다. 의료인류학

---

[1] [역주] 지속가능발전목표(SDGs, Sustainable Development Goals)란 2015년 제70차 UN총회에서 2030년까지 달성하기로 결의한 의제로서 지속가능발전의 이념을 실현하기 위한 인류 공동의 17개 목표이다. '2030 지속가능발전 의제'라고도 불리는 지속가능발전목표(SDGs)는 '단 한 사람도 소외되지 않는 것(Leave no one behind)'이라는 슬로건과 함께 인간, 지구, 번영, 평화, 파트너십이라는 5개 영역에서 인류가 나아가야 할 방향성을 17개 목표와 169개 세부 목표로 제시하고 있다.

제 2 장 세계가 똥에게 요구하는 것

자인 이소노 마호磯野真穗 씨와 하야시 리카林利香 씨가 주관하는 '몸의 학교からだのシューレ'라는 주제의 세미나였다. 그 이전에도 같은 세미나에서 '위장'과 '먹는 것'을 주제로 이야기를 한 적이 있는데 이번에는 '똥'과 '배설하는 것'을 주제로 이야기를 하자는 제안이었다. 둘 다 '살아간다는 것'에서 빼놓을 수 없는 누구나 매일 하는 행위라는 점에서 공통점이 있다는 콘셉트다.

하지만 말이다. 냉정하게 생각해보면 현대에 있어서 똥의 역사 연구에 관한 이야기를 얼마나 흥미롭게 들어줄 수 있을까 싶어 수락은 했지만, 호사가들의 잡담으로 끝나버리는 게 아닐까 꽤 진지하게 고민했다. 그러던 중 우연히 뜻밖의 정보가 날아들었다. 그것은 이 제안을 수락한 다음 날이었던 것으로 기억한다. 무심코 신문 조간을 펼친 순간 '케냐에서 비료 만드는 화장실을 제조하는 Y씨'라는 기사에 눈이 번쩍 뜨였다[2].

기사에 따르면 주택설비업체에서 화장실 제품화를 담당하고 있는 Y씨는 부임한 케냐의 열악한 환경에 충격을 받았다고 한다. 특히 화장실 문제가 심각해 빈민가에는 화장실이 없는 집이 흔하고 비닐봉지에 배설물을 담아 야외에 버리는 '플라잉 화장실'이 만연하다 보니 오물이 흩날려 감염으로 사망하는 어린이가 많다고 한다. 그래서 Y씨 등은 배설물을 톱밥과 섞어 무해화하고 이를 비료로 만드는 '순환형 무수無水 화장실'을 개발해 여기서 생산된 비료를 채소 재배에 사용하는 사이클 구축을 목표로 하고 있다고 한다.

2) 2017년 9월 6일자『도쿄신문』의「이 사람」코너.

'이 얼마나 놀라운 우연인가!'

'어떻게든 Y씨와 이야기를 나누고 싶다!'

필자는 더 이상 가만히 있을 수 없어 스크랩한 신문 기사를 손에 쥐고 지푸라기라도 잡는 심정으로 Y씨에게 편지를 써서 보냈다. 물론 하비와 분뇨에 관한 내 논문을 동봉했다.

그리고 아직 답장받지 못했음에도 불구하고, 아니 편지가 도착하였는지조차 모르는 상황에서 순식간에 세미나 프로그램이 내 머릿속에서 만들어졌다. 무모하다고밖에 표현할 수 없지만 그 내용은 다음과 같은 것이었다.

주제 : 똥과 화장실이 세상을 바꾼다[3]!?

1. 세계 공통의 똥 사정과 세계의 다양한 화장실 사정
2. 똥과 화장실 이야기(역사 편/일본, 주로 아이치현)
3. 똥과 화장실 이야기(현대 편/케냐)
4. 몸과 사회와 젠더 이야기
5. 똥과 화장실이 세상을 바꾼다!?

---

3) 원제는「うんちとトイレが世界を変える!?」이 책에서는 '똥'을 운코(うんこ)라는 표기로 통일하고 있지만, 당시 세미나에서는 운치(うんち)로 표기했다.

제2장 세계가 똥에게 요구하는 것

2.2 현대적 과제로 이어지는 똥의 문제

즉, 역사연구자인 나와 화장실 기술 개발자인 Y씨와의 크로스 토크라는 기획이다. 이제 Y씨와 함께 할 수밖에 없다, 꼭 하고 싶다, 어떻게든 만나고 싶다는 마음에 학수고대하며 답장을 기다렸다.

편지를 보낸 지 일주일 후 기다리던 메일이 케냐에서 도착했다. 이때만큼 이메일이라는 기술에 감사한 적이 없었다. 발신자는 물론 Y씨였다.

거기에는 이런 메시지가 적혀 있었다.

> 이번에 정중하게 편지를 보내주셔서 고맙습니다.
> 그리고 논문 등 자료도 감사드립니다. 매우 흥미롭게 잘 읽었습니다. 인구 증가와 화학비료의 유입으로 인해 하비의 가치가 떨어지고 배설물이 폐기물로 되어가는 과정을 잘 알 수 있었습니다.
> '배설물을 비료로', '일본에서는 예전부터 해왔다'라고 하면 듣기 좋게 들리지만, 그것이 일본에서 쇠퇴한 이유와 당시 '배설물을 비료로 사용하는 것'에 정말 문제가 없었는가? 등을 제대로 짚고 넘어가서 케냐 사람들이 기분 좋게 사용할 수 있도록 해야겠다는 생각을 항상 하고 있습니다.

이 답장을 받은 후 나는 아직 만난 적도 없는 Y씨와 메일을 주고받으며 그녀의 귀국 일정에 맞춰 바쁜 일정 중 2시간 반을 할애해 소원하던 크로스 토크를 실현할 수 있었다. 촘촘한 일정으로 Y씨에게 상당한 부담을 주어 그녀는 세미나가 끝나자마자 나이로비행 비행기를 타기 위해 밤길을 달려 공항으로 향해야 했다.

똥의 역사를 '현대적 과제'로 생각해 보자는 필자의 숙제와 케냐 사람들에게 일본의 '역사적 경험'을 설명할 수 있도록 하자는 Y씨의 숙제를 들고 간 세미나에는 많은 참가자가 모여 필자나 주최 측의 예상을 훨씬 뛰어넘는 열띤 토론이 전개되었다. 필자는 똥 티셔츠, Y씨는 화장실 티셔츠를 입은 채 다음과 같은 메시지를 내걸고 플로어에 앉은 참가자들에게 이야기를 시작했다.

> 살아가기 위해 꼭 필요한 배설.
> 그리고 그것을 받아들이는 화장실.
> '똥'과 '화장실'에서 바라보면
> 어떤 세상이 보일까요?
> 충분한 물이 없고 위생적인 화장실을 사용할 수 없는 사람이 전 세계에 24억 명(약 3~4명 중 1명)이나 된다고 합니다.

2.3 세계 공통의 똥 사정과 다양한 화장실 사정

생각해 보면 당연한 일이지만 똥을 누는 것은 동서고금, 남녀노소, 빈부귀천을 막론하고 살아 있는 한 '반드시 해야 하는' 행위이다. 똥을 누는 행위는 세계 공통인 것이다. 똥을 안 누는 사람이나 똥이 없는 나라는 당연히 존재하지 않는다.

반면 그것을 받아들이는 화장실은 동서고금을 막론하고

남녀노소, 그 형태도 역사도 위치도 다양하다. 그만큼 다양한 화장실의 사정이 있다. 심지어 화장실이 없는 경우도 있다. 그래서 화장실의 역사에 대해서는 지금까지도 많은 연구와 책이 저술되어 있고[4] 새로운 화장실이 도입되거나 기술이 혁신되는 것도 잘 알려져 있다[5]. 일본의 온수 세정 좌변기는 이제 세계인이 주목하는 하이테크 화장실로 자리 잡았고 일본 문화의 대명사 중 하나로 손꼽힌다.

이런 사정을 공유한 후 세미나 참가자들에게 '똥 또는 화장실 에피소드 릴레이'(한 사람당 30초씩)를 시도했다. 과연 이야기해 줄까 하는 걱정과는 달리 각자 다양한 추억의 이야기들이 차례로 쏟아져 나왔다.

그중 비교적 연세가 많으신 분들이 '지금은 상상하기 어려울지도 모르지만'이라는 전제를 달고 이야기하는 '재래식 화장실(변소)'에서의 추억이 인상적이었다. 수세식 변기보다 왠지 모르게 무섭고 아래에서 튀어 오르는 것을 조심해야 하고 똥이 떨어지는 소리도 난다. 물론 강한 냄새도 난다. 이런 에피소드에서 전해지는 똥과 인간과의 거리감, 화장실에 대한 인간의 감각은 레버나 버튼 하나로 순식간에 '보이지 않게' 만들 수 있는 오늘날의 똥과 화장실에 대한 그것과는 전혀 다른 것

---

[4] Roger-Henri Guerrand, *Les lieux: Histoire des commodités* / 大矢タカヤス訳『トイレの文化史』筑摩書房, 1987; Rose George, *The Big Necessity: The Unmentionable World of Human Waste and Why It Matters* / 한국어판 하인애 역, 『똥에 대해 이야기해봅시다, 진지하게』, 카라칼, 2019.

[5] 우에 고오(上幸雄), 『화장실의 힘—화장실 개혁으로 사회를 바꾸다(トイレのチカラ—トイレ改革で社会を変える)』, 近代文藝社, 2015.

같았다. 화장실의 변화는 사람들이 살아가는 '감각'의 차이, 세상에 대한 '인식'의 차이에 상상 이상으로 큰 영향을 미치고 있는 것이 아닌가 하는 생각이 들었다.

2.4 변소와 화장실의 추억

참고로 내가 어렸을 때인 80년대에 주택이나 학교에는 수세식 화장실이 보급되어 '변소'라기보다는 '화장실[6]'이라고 불리게 되었다.

어머니에게 물어보니 내가 태어난 오사카부 야오시八尾市의 셋집은 일본식 수세 화장실[7]이었다고 한다. 하수도와는 아직 연결되지 않았고, 개별 정화조가 부지에 묻혀 있었다고 한다. 다음으로 이사한 도쿄도 구니타치시国立市의 사택도 역시 일본식 수세 화장실이었다. 내가 다섯 살 때인 1979년에 이사 온 치바현 나가레야마시流山市의 신흥 주택에서 처음으로 일본식 변소가 서양식 화장실로 바뀌었다. 쪼그려 앉는 것이 아니라 걸터앉아서 쓰는 양변기가 되었을 때 비로소 '변소'에서 '화장실'로 바뀌었다는 의식의 전환을 느꼈다. 나가레야마 택지개발 지구의 화장실은 지역 전체의 하수를 정화하기 위한 정화조를 주민들이 공동으로 관리하고 있었다. 개별 가정이 직접 하수도에 연결된 것은 아주 최근(지금으로부터 10년 전쯤)의 일이다.

---

6) [역주] 한자어로 화장실(化粧室)이라 쓰지 않고 영어에서 가져온 '토이레'(トイレ, toilet)로 쓴다. 현재도 일반적으로 사용하는 단어이다.
7) [역주] 쪼그리고 앉아 볼일을 본 후 물을 흘려 분뇨를 처리하는 방식.

제2장 세계가 똥에게 요구하는 것

다만 좀 더 넓게 보면 1980년대의 주택은 서양식 화장실이 많아졌지만 모든 주택이 정화조나 하수도까지 연결된 것은 아니었고 '진공청소차 vacuum lorry'라고 불리는 분뇨수거차가 달리는 풍경과 그 냄새는 여전히 일상적인 것이었다[8].

학교 등 공공시설은 여전히 일본식 수세 화장실이 많았다. 반면, 드라이브 도중이나 관광지에서 들르는 곳은 '화장실'이라기보다는 여전히 '변소'인 경우가 많았고, '양수식[9] 변소'인 경우도 적지 않았다.

한번은 조부모님, 부모님, 자매들과 함께 가족 나들이를 간 적이 있다. 그곳에서 할머니가 볼일을 보려는 나를 데리고 간 곳은 '양수식 변소'였다. 어린 나는 들어가지 않고 '오줌이 안 나온다'라고 버티며 뒤로 물러섰다고 한다. 이 또한 나중에 하나의 에피소드가 되긴 했지만, 당시 나에게 변소는 정말 무섭고 충격적인 곳이었다. 비단 이때뿐만 아니라 어린 시절의 나는 외출 시 집의 '화장실'과는 다른 '변소'에 가는 것을 싫어했다. 자신의 똥뿐만 아니라 남의 똥이 잔뜩 모여 있는 것은 사실 당시의 나로서는 한 번도 본 적 없는 풍경이었기 때문에 뒤로 물러서는 것도 무리가 아니었던 것이다.

그런 나의 에피소드조차 옛날이야기가 될 정도로 요즘은

---

8) 최초의 진공청소차는 1975년 가와사키시 위생복지부 청소과에서 사용되었다. 무라노 마사요시(村野まさよし)『진공청소차는 대단했다-황금기계화 부대의 전후사(バキュームカーはえらかった！— 黄金機械化部隊の戦後史)』文藝春秋, 1996.
9) [역주] 분뇨를 퍼내어 처리하는 재래식.

그런 '변소'는 거의 찾아볼 수 없게 되었다. 초등학생들에게 물어보면 '양수식 변소를 경험해 본 적이 없다'라는 대답이 돌아온다. 학교는 서양식 화장실로 개조되고, 밝은색의 벽지를 붙이기 시작했다. 이들에게는 일본식 수세 화장실조차도 흔치 않은 경험이다. 고속도로 휴게소나 관광지의 화장실은 이제 주택의 화장실보다 성능이 뛰어나며, 놀라울 정도로 구석구석 깨끗하게 청소가 되어 있다. 무엇보다 '냄새'가 거의 느껴지지 않는다.

변소에서 화장실로 변모한 21세기 일본에서 살아가는 아이들에게 화장실은 더 이상 무서운 곳도 냄새나는 곳도 아닐지 모르겠다.

2.5 똥의 지역적 차이

똥과 화장실의 전후 역사는 오사카, 도쿄, 치바에서 내가 경험한 추억담만으로 설명할 수 있을 만큼 단순하지 않다. 지역에 따른 차이가 뚜렷하기 때문이다.

예컨대 내가 결혼한 상대는 1973년생으로 나와는 생일이 6개월여 차이밖에 나지 않는다. 하지만 나가노현 이나시伊那市에서 태어나고 자란 그의 똥과 화장실에 대한 경험은 나와는 매우 달랐다. 그가 어렸을 때 살았던 집은 재래식인 양수식 변소였다. 그리고 화장지가 아닌 네모난 휴지ちり紙를 사용했다고 한다. 휴지 위에 똥이 묻은 것을 보고 그 위에 오줌을

제 2 장 세계가 똥에게 요구하는 것

누던 에피소드 등을 유쾌하게 들려주기도 한다. 그때 오줌통 안에서 들리는 삐걱삐걱하는 소리가 참 재미있었다는 기억도 생생하다. 양수식 변기에 뒷걸음질 치던 어린 시절의 나와는 전혀 다른 모습이다.

그의 고향 집 변소는 나중에 양변기로 개조되었지만, 변기 바닥에 달린 검은색 고무 뚜껑이 똥의 무게에 의해 똥을 아래로 떨어뜨리는 구조로 기본 구조가 양수식 변기임에는 변함이 없었다. 이 변기는 2000년경까지 사용했기 때문에 결혼 후 나도 실제로 사용해 본 적이 있는데 이런 변기도 있구나 하고 놀랐던 기억이 난다. 그것이 하수도로 연결되고 완전한 수세식 화장실이 된 것은 아주 최근의 일이다.

그의 이야기 속에는 친구들과 노는 풍경 속에도 똥이 자주 등장한다. 이나伊那 계곡을 둘러싸고 있는 산간 지역에서는 낙농업이 발달해 소똥과 짚을 섞어 만든 퇴비를 대량으로 논에 뿌리는 모습도 익숙한 풍경이었다. 물론 '시골의 향수香水'라고 그가 설명하는 그 냄새는 각인되어 고향을 떠올리면 느껴진다고 한다.

그래서 똥과 화장실 이야기를 할 때면 항상 세대는 같지만, 경험이나 감각이 많이 다르다는 것을 실감할 때가 많다. 그것은 어린 시절 똥과의 거리감을 상징하는 것 같기도 하다. 그래서 똥에 관해 이야기할 때 세대 차이뿐만 아니라 지역 차이를 고려하는 것이 중요한 것이다. 그렇다면 '세계'라는 좀 더 넓은 지역적 차이로 눈을 돌리면 어떤 차이가 보일까?

2.6 케냐의 플라잉 화장실

먼저 Y씨가 들려준 케냐의 똥과 화장실 사정을 좀 더 자세히 소개하고자 한다.

'플라잉 화장실'

이 단어를 처음 접했을 때의 충격은 Y씨와 직접 이야기를 나눠보고 싶다고 생각하게 된 계기 중 하나다. 직역하면 '하늘을 나는 화장실'이지만, 실제로는 비닐봉지에 담긴 똥이 하늘을 나는 것이다. 왜 하늘을 나는가 하면 창문을 통해 실외로 똥을 버리기 때문이다.

그렇다면 왜 똥은 야외에 버려지는 것일까? 사실 이것은 위생관이나 도덕관의 문제가 아니라 지극히 사회적인 문제인데 Y씨는 그 상황을 다음과 같이 설명한다.

> 도시 빈민가나 시골을 중심으로 '플라잉 화장실'은 아주 흔하게 볼 수 있습니다. 무엇보다도 우선은 보안의 문제인 것 같아요. 상하수도 인프라가 정비되지 않은 지역에서는 이른바 '푸세식(양수식) 변소'를 만들게 되는데 아무래도 냄새가 나기 때문에 부지 내에서도 집과 멀리 떨어진 곳에 만들어요. 그러다 보니 예를 들어 한밤중에 여성들이 용변을 보러 갔다가 성적 피해를 보는 사례가 끊이질 않는 거죠.
>
> 무서워서 밤에는 집 안에서 용변을 봅니다. 그리고 배설물을 담은 봉지를 문밖으로 버리기 때문에 거리가 배설물투성이가 되는 거죠. 여기에는 문화적 배경도 있는데 케냐에서는 자기 땅만 깨끗하면 된다는 생각이 일반적

제 2 장 세계가 똥에게 요구하는 것

이기 때문에 배설물뿐만 아니라 집에서 나온 쓰레기도 눈앞의 거리나 쓰레기통에 그냥 버려요[10].

꽤 절실하고 심각한 문제다.

이 문제를 해결하기 위해 Y씨는 상하수도 정비가 되지 않은 지역에서도 사용할 수 있는 '순환형 무수 화장실'을 개발하게 되었다고 한다. 그리고 연구와 시행착오 끝에 마침내 그 기술을 완성했다.

하지만 이를 보급하려는 단계에 이르자 새로운 문제가 발생했다. 원래부터 분뇨에 익숙하지 않은 데서 오는 위화감과 더불어 '일본에서 쇠퇴한 기술을 왜 이제 와서 케냐에 보급하려고 하느냐'라는 반론과 저항에 직면한 것이다. 그것은 앞서 언급한 이메일에 적혀 있듯이 일본의 경험을 바탕으로 한 똥 순환 기술에 대한 정보가 부족했기 때문이기도 했다. 이 문제를 극복하기 위해서라도 Y씨에게는 꼭 일본의 똥의 역사를 짚어볼 필요가 있었다.

똥과 화장실에 대해 생각한다는 것은 사회와 젠더의 문제가 필연적으로 수반되기 때문에 우리의 존엄성과 삶 자체를 생각하는 것으로 이어진다. 그래서 똥에 대해 진지하게 고민해야 할 필요성과 현대적 의미는 역시 존재한다는 것을 새삼 느끼게 되는 등 이번 세미나와 Y씨와의 만남을 통해 내 안에 무언가

---

10) 야마카미 유(山上遊)「화장실에 대한 사랑은, 아프리카 사회를 변화시킬 것인가(トイレへの愛は、アフリカの社会を変革するか)」*WIRED Audi INNOVATION AWARD 2016* №032, 2016.

와닿는 것이 있었다[11].

그리고 지금 세계가 똥에 요구하는 것은 이것에만 그치지 않았다. 세계 경제의 새로운 역사를 써가려는 요즘의 학술 연구 분야에서도 똥은 중요한 주제 중 하나가 되고 있다는 것을 나는 그 후 국제학회에서 실감하게 된다.

2.7 보스턴 세계경제사 회의와 똥

2018년 7월 30일, 나는 홀로 나리타발 로건행 비행기를 타고 미국 보스턴으로 향했다. 똥과 사회에 관한 역사 연구를 보스턴에서 열리는 세계경제사 회의 World Economic History Conference에서 보고하기 위해서였다. 장소가 그 유명한 매사추세츠 공과대학이라니 역시나 나도 조금 놀랐다.

나로서는 뒤늦게 데뷔하는 첫 국제학회에서의 보고였다. '주제가 정말 똥으로 괜찮은 걸까?'라고 자문하고는 '아니 꼭 똥으로 해야 한다!'라고 마음을 다잡았다.

사건의 시작은 그해 3월에 열린 일본농업사학회에서부터였다. '물질 순환'을 주제로 한 심포지엄에서 나는 지금으로부터 약 100년 전의 아이치현을 사례로 한 연구를 발표했다. 주제는 『'하비下肥' 이용과 '분뇨屎尿' 처리』였다. 알기 쉽게 설명하면

---

[11] 사토 다이스케에 따르면 인도의 화장실과 오수처리 역시 사회구조와 격차 그리고 차별의 문제가 깊숙이 관련되어 있다. 사토 다이스케(佐藤大介)『13억 인구의 화장실-아래에서 본 경제대국 인도(13億人のトイレ—下から見た経済大国インド)』角川新書, 2020.

제 2 장 세계가 똥에게 요구하는 것

똥이 농업에 필수적인 '비료'로 이용되고 한편으로는 오물인 '분뇨'가 처리되기 시작한 '근대'라는 시대를 아이치현의 도시화 양상을 사례로 고찰하는 것이 그 내용이었다.

이 보고를 들은 환경사 전공의 한 연구자가 국제학회에서 발표해 보지 않겠느냐고 제안했다. 전년도에 Y씨를 만나면서 똥의 역사가 지극히 현대적 과제를 안고 있다는 것을 실감하고 있던 터라 나는 각오를 다지고 이 일을 맡기로 했다.

구체적인 분석 내용은 3장 이후에서 자세히 설명하겠지만 보스턴에서의 나의 임무는 '소농경영小農經營'과 '자원이용'의 경제적 평가 논의 속에서 일본의 '하비' 이용의 역사를 보고하는 것이었다. 제목은 「근대 일본에서의 물질 순환의 구조적 변화—하비 이용과 분뇨처리를 중심으로」[12]로 정했다.

발표 자료에 과감하게 똥 그림을 넣었지만 내 영어 실력이 미숙해서인지 청중들 가운데 그 의외성에 놀란 표정을 짓는 사람은 없었다. 오히려 청중들의 진지한 시선이 나에게로 집중되었다. 그러나 돌이켜보면 만약 나의 서툰 영어가 제대로 전달되었다면 자원 활용의 한 사례로 일본에 똥을 '비료'로 활용하는 기술이 있었다는 사실은 현재로서는 이미 알려진 그리 놀랍지 않은 주제였다는 뜻이다. 특히 환경사에 관심이 있는

---

[12] 「The structural change of material circulation in modern Japan: Analysis based on the change in relationship between utilization of night soil and the of human disposal waste」/ 近代日本における物質循環の構造変化—下肥利用と屎尿処理をめぐって

연구자들이 모여 있었기 때문에 충분히 가능한 일이었다.

2.8 영국의 하비 이용—나이트 소일

환경의 역사를 생각하는 '환경사'라는 분야에서 최근 연구 동향 중 '하비' 이용이 비단 일본에만 국한된 기술이 아니라 영국에서도 비슷한 기술과 이용이 존재했다는 사실이 점차 밝혀지고 있다. 지금까지의 통설은 유럽의 분뇨는 파리에서는 길거리에 버려지고 영국에서는 템스강에 버려져 악취와 하천 오염이 각종 질병의 원인이 되는 등 상당히 큰 사회문제가 되었다고 여겨졌지만 최근에는 영국에서도 하비의 이용이 역사적으로 확인되기 시작했다.

영국에서 '하비'는 '나이트 소일Night Soil(밤의 흙)'로 불리는데 그것을 운반하는 사람은 '나이트 맨Night Man'으로 표기한다. '밤의 흙'이라니 참으로 운치 있는 이름이다. 밭에 운반되기 때문에 '밤의 흙'이라는 설명과 그 색깔이 검어서 '밤의 흙'이라고 불린다는 설명 등이 있고 모두 그럴듯한 설명이다.

경제학자 미쓰마타 노부코의 「산업혁명기 영국의 나이트 소일의 환경경제사」[13]라는 논문은 나이트 소일, 즉 인간의 배설물이 농업지역에서 비료 자원이 되기까지의 처리·거래·시

---

13) 미쓰마타 노부코(三俣延子)「산업혁명기 영국의 나이트소일의 환경경제사—영국 농업조사회『농업에 관한 일반조사보고서』에서 본 도시폐기물의 재활용(産業革命期イングランドにおけるナイトソイルの環境経済史—英国農業調査会『農業にかんする一般調査報告書』にみる都市廃棄物のリサイクル)」『社会経済史』75-2, 247~269쪽

용施用 과정을 밝힌 귀중한 연구이다. 이 연구에 따르면 나이트 소일의 상업적 거래는 ①도시의 폐기물 처리 조직화 ②농업의 시비 기술 경험과 이론의 축적 ③도시와 근교 농업 지역 간 교통수단의 발달에 힘입어 실현되었다.

이 분석과 연구 성과는 그 자체로 매우 흥미롭지만 더 강조하고 싶은 것은 이러한 연구 축적 덕분에 국제적인 논의, 지속 가능한 사회 실현을 위한 논의에서 똥의 역사 연구가 중요한 역할을 담당할 수 있다는 이해로 이어졌다는 점이다.

즉, 그동안 거의 알려지지 않았던 이러한 나이트 소일 관련 사건들이 구체적인 데이터를 바탕으로 논증되면서 환경사에서의 똥 연구의 중요성 또한 국제적인 학술 연구 속에서 명확하게 드러나게 된 것이다. 역사의 전면에 등장하다니 기껏해야 똥, 그렇지만 똥, 역시나 똥이다.

그래서 다음 장에서는 다시 한번 일본의 사례로 돌아가 똥의 발자취와 우리와 똥의 관계사를 되짚어보고자 한다. 그것은 우리의 과거를 되돌아보는 것 이상의 중요한 의미가 있다는 것을 이제 독자 여러분은 이미 잘 알고 계실 것이기 때문이다.

제 3 장

보물로서의 똥
근세 일본의 하비

3.1 고전에 나타난 똥 관념

본 장에서는 주로 일본의 에도시대를 배경으로 똥이 어떻게 이용됐는지 특히 농업과의 관계에서 생각해 보기로 한다. 거기서 자원으로서의 '가치'나 '이용' 등 아마도 긍정적인 이미지로 똥을 논하게 될 텐데 그 전에 잠시 멈춰서 '사실이란 그렇게 단순하지 않다'라는 상황도 언급해 두자.

산업화 이전의 일본에서 분뇨는 농업에 없어서는 안 될 비료가 되는 하나의 '자원'이었다. 그러나 그것은 더러우면 고귀하고, 더러우면 신성하다는 복잡한 다면성을 가지고 있었다고 주장한 사람은 하야시 노조무다. 그의 저서 『고금황금담』에는

제3장 보물로서의 똥

다양한 문학 작품과 거기에 등장하는 분뇨에 관한 이야기를 통해 일본인의 분뇨관을 보여주고 있다[1].

예를 들어 일본 고대 신화에는 분뇨나 토사물에서 태어난 신들이 등장한다.

> 그 신을 낳은 이자나미는 음부에 화상을 입어 쓰러지고 말았다. 그 고통때문에 토사물多具理로 태어난 것이 바로 가나야마비코노카미金山毘古神와 가나야마비메노카미金山毘売神이다. 다음으로 고통과 함께 똥屎으로 태어난 것이 하니야스비코노카미波邇夜須毘古神와 하니야스비메노카미波邇夜須毘売神이다. 그 다음으로 고통과 함께 오줌尿(유마리)으로 태어난 것이 미쓰하노메노카미弥都波能売神와 와쿠무스히노카미和久産巣日神이다. 와쿠무스히노카미의 자식은 도요우케비메노카미富宇気毘売神이다. 결국 이자나미는 불의 신을 낳고 지쳐 죽었다. (『고사기』 상권)

토사물多具理·똥屎·오줌尿에서 각각 남녀 한 쌍의 신이 태어났다는 설명이다. 우선 이것들은 모두 신이 태어나는 신성한 것으로 여겨지고 있다고 할 수 있다. 그러나 『고사기古事記』에는 다음과 같은 유명한 기록도 있다.

> 지상으로 추방된 스사노오는 오오게쓰비메노카미大気津比売神라는 신에게 음식을 달라고 했다. 그러자 오오게쓰비메노카미는 코와 입, 엉덩이에서 음식을 꺼내어 요리해 스사노오에게 내어주었다. 하야스사노오노미코토速須佐

---

1) 하야시 노조무(林望) 『고금황금담(古今黃金譚—古典の中の糞尿物語)』 平凡社新書, 1999, 27~29쪽.

之男命는 이 모습을 보고 "더러운 음식을 내놓다니!"라고 화를 내며 오오게쓰비메노카미를 죽여 버렸다. 이에 죽임을 당한 신에게서 태어난 것이 있었다. 머리에서는 누에가, 두 눈에서는 벼가, 두 귀에서는 조가, 코에서는 팥이, 음부에서 보리가, 엉덩이에서 콩이 태어났다. 가미무스히노미오야노카미神産巣日御祖命는 이것들을 씨앗으로 삼았다.

여기에 등장하는 '오호게쓰비메大気津比売神'는 하야시에 따르면 '오호·케食·쓰~의·히메'라는 뜻으로 음식을 관장하는 신이 코와 입, 그리고 엉덩이에서도 좋은 음식을 내놓았다는 뜻이다. 다소 거칠게 보면 음식과 똥은 하나의 '고리' 안에 있다는 이미지가 전해진다.

다만 여기서 유의해야 할 것은 '하야스사노오노미코토速須佐之男命'는 이 행위를 '더럽다(불결하다)', '불경스럽다'라며 분개하여 오호게쓰비메를 죽여 버린다는 점이다. 즉, 이 신화 속에는 똥의 신성함과 불결함이라는 양면성이 그려져 있는 것이다. 그러나 죽은 오호게쓰비메의 몸에서는 여전히 수많은 음식의 '씨앗'이 태어나고 그것이 다음이 되는 '생명'을 키워가게 된다. 삶과 죽음의 고리 속에서 다시 한번 신성화가 이루어진다는 것은 역시 흥미로운 부분이다.

3.2 '불결함'을 입다

한 가지 사례를 더 소개해보자. 역사학자 리노이에 마사후미의 『고대측고古代厠攷2)』라는 책에 따르면 헤이안 시대에는 너무 아름다운 것에는 귀신이 붙어서 세상을 살아갈 수 없다고 믿었기 때문에 자녀의 건강한 성장을 기원하며 일부러 더러운 것을 이름으로 하는 풍습이 있었다고 한다. 이렇게 하면 악령이나 귀신의 눈을 피할 수 있다고 믿었기 때문이다. 예를 들어 기노 쓰라유키紀貫之의 어린 시절 이름은 '아코쿠소阿古屎, 阿古久曽3)'라고 한다. 불결한 '똥屎'을 이름으로 삼는 이러한 명명법은 민간에 널리 퍼져 있었다고 한다. 이 경우 아이의 성장을 지켜주는 소중한 이름으로서 '더러움'이 필요했던 것이다.

내가 대학 1학년 때 들었던 '일본문화론'이라는 강의에서 '변소에 얽힌 추억'이 리포트 과제로 나온 적이 있다. 나가노현 다카토마치高遠町에서 태어나고 자란 그 선생님은 변소에 얽힌 다양한 에피소드를 가지고 계셨던 것 같다. 지금이야 '변소'를 통해 그 나라의 문화와 역사를 알 수 있다는 취지를 이해할 수 있지만, 당시 나에겐 안타깝게도 그 내용이 잘 와닿지 않았다. 앞서 말했듯이 나 자신이 도쿄 근교의 신흥 주택가에서 자랐고 어릴 적부터 서양식 수세 화장실의 경험이 주를 이룬 탓도 있다. 그래서 당시 보고서의 내용은 전혀 감흥이 없었다.

---

2) 리노이에 마사후미(李家正文)『고대측고(古代厠攷)』相模書房, 1961
3) [역주] 아코쿠소의 '쿠소(屎)'는 똥이란 뜻으로 한국에서 아명을 '개똥이'라 부르는 식의 명명법.

3.2 '불결함'을 입다

그런데 뜻밖에도 나는 어른이 되어서야 할머니로부터 변소에 얽힌 기이한 전설을 직접 듣게 되었다. 내가 임신했을 때 할머니는 임산부가 변소를 깨끗이 청소하면 순산한다, 혹은 깨끗한 아이를 낳는다는 이야기를 들려주셨다. 궁금해서 큰 배를 움켜쥐고 화장실 청소를 하면서 이 속설에 대해 알아보니 이것은 할머니의 오리지널이 아니라 일본 각지에서 전해져 내려오는 이야기인 것 같았다.

싱어송라이터 우에무라 가나植村花菜가 부른 「화장실의 신」의 가사에도 '화장실 청소를 꺼리는 나에게 할머니가 이렇게 말씀하셨어'라는 소절에 이어 다음과 같은 소절이 이어진다.

> 화장실에는 너무도 예쁜 여신님이 계셔서
> 매일 깨끗이 하면 여신님처럼 예뻐질 수 있대[4]

이와 비슷한 이야기로 일본에는 생후 3일째 되는 날 '변소雪隠 참배'를 하고 그때 똥을 먹이는 시늉을 하는 등의 풍습도 있다고 한다[5]. 이런 전승과 관습은 아이의 건강한 성장을 기원한다는 점에서 공통점이 있다.

'부정不淨'을 몸에 두르는 것으로 '청정淸淨'해지고 '건강'해진다는 논리와 소망은 언뜻 보면 모순적이다. 하지만 사실 이러한 불결함이 내재되어 있는 존재가 똥이라고 한다면 똥은

---

4) 우에무라 가나(植村花菜)「화장실의 신(トイレの神様)」킹레코드.
5) 다무라 젠지로(田村善次郎)「백성에게는 버릴 것이 없다(百姓に捨てるものなし)」『あるく みる きく』二四(三), 近畿日本ツーリスト(株)·日本観光文化研究所·神崎宣武, 1987, 35쪽.

제3장 보물로서의 똥

'더러운가?' 혹은 '더럽지 않은가?'라는 질문을 던지는 방식 자체가 사실은 지극히 현대적인 발상에 얽매인 결과라고 할 수 있지 않을까.

풍요로운 고전과 풍속 속에 등장하는 개성 넘치는 똥오줌 이야기糞尿譚들은 그런 우리 가치관의 단순함을 일깨워주는 묘약이기도 하다.

3.3 농업의 발달과 똥의 가치

이제 본격적으로 역사 사료에 그려진 역사적 사실을 바탕으로 근세 일본에서의 똥과 사람들의 관계에 대해 생각해 보자.

근세 이전의 중세에서 똥은 앞서 말한 바와 같이 신화 속에서 경외심을 갖고 관습이나 주술적인 것으로서 가치를 부여받기도 했지만, 실제로는 유용한 자원이라는 가치를 부여받지 못하고 폐기되는 경우가 많았다. 물로 흘려보내는 화장실을 뜻하는 '가와야厠'라는 단어가 이미 이 시기에 있었던 것은 그 잔재라 하겠다[6]. 그것이 근세에 들어서면서 농산물 생산량을 늘리는 기술 중 하나가 되어 발효시킨 인분을 자원으로 경작지에 살포하는 것이 널리 행해지게 되었다.

이를 상징하는 사건으로 먼저 언급하고 싶은 것은 근세에는

---

[6] 아리조노 쇼이치로(有薗正一郎)「16세기 후반부터 19세기에 일본을 방문한 외국인이 기술한 일본 서민의 인분뇨 처리(一六世紀後半から一九世紀に日本を訪れた外国人が記述する日本庶民の人糞尿処理)」『愛大史学』(二七), 2018, 1~16쪽.

'똥에 가격이 매겨졌다'라는 것이다. 근세에 이르러 똥은 쓸모없는 '오물'이 아니라 유용한 '보물', 즉 '상품'으로서 활발하게 거래되기 시작한 것이다. 뭐니뭐니해도 이 점이 중세와 현대의 큰 차이점이다.

똥이 농사에 사용하는 '비료'로서 유용하게 쓰였던 역사에 대해서는 몇 가지 연구서가 있다. 그중 하나인 『도시와 농촌 사이都市と農村の間』는 도시 근교 농업의 역사에 관해 에도江戸(도쿄) 근교에서 발달한 채소 재배와 하비를 포함한 도시 폐기물 이용과의 관계를 오사카, 교토, 서양과의 비교를 통해 논하고 있다. 이 책에 따르면 근세 도시와 근교 농촌 사이에는 도시 폐기물의 환원을 둘러싸고 물질 순환의 거대하고 치밀한 지역 시스템이 형성되어 있었다.

일본의 17세기 후반부터 18세기 초, 즉 에도시대 겐로쿠元禄기 무렵은 농업 기술이 발달한 시기다. 이 시기에는 새 경작지 개발과 상품 작물 재배가 활발해지면서 늘어나는 인구를 부양하기 위해 생산성이 높은 농업을 모색했다. '농서'라 불리는 수많은 농업 기술서가 탄생한 것도 이 시기다. 이러한 상황 속에서 작물을 조금이라도 더 효율적으로 키우기 위한 비료에 대해서도 기술 혁신이 이루어졌다. 그중 하나가 분뇨를 이용한 '하비下肥'(인분 비료)의 이용이었다.

근세의 농업 기술서에서는 '똥糞'이라 쓰고 '비료肥'라고 읽게 하기도 한다.

제3장 보물로서의 똥

근세 똥 관련 연구의 주요 주제는 ①도시와 농촌의 상호관계 ②분뇨가 경제적 가치를 지니게 되는 과정 ③분뇨의 거래 규모와 거래 실태 등으로 경제와 사회에 깊이 연관된 논의가 전개되고 있으며 어떤 연구에서든지 근거가 되는 고문헌에 더한 상세한 분석이 이루어지고 있다.

고문헌에 똥에 대한 기록이 고스란히 남겨져 있는 이유는 무엇일까?

그것은 똥을 둘러싼 조직적인 노력이 존재했고 사회구조 속에서 똥이 중요한 의미를 가졌기 때문이다. 이 사실 자체가 이미 근세를 살았던 사람들에게 똥이 단순히 쓸모없는 오물이 아니었다는 증거가 된다.

일본에서 사람의 분뇨가 비료로 사용된 역사는 오래되었으며 그 시작은 이모작이 보급된 가마쿠라 시대 무렵으로 알려져 있다. 초목탄草木灰이나 퇴비刈敷가 중심이었던 비료의 종류에 분뇨가 추가되기 시작한 것이 바로 이 시기다[7]. 하지만 아직 널리 보급된 것은 아니었다.

근세에 이르러 비료 수요는 더욱 늘어났다. 그것은 새 경작지 개발의 활성화, 성곽 마을의 발달과 그곳에 모여드는 사람들의 배를 채우기 위한 채소 재배의 발전이 대량의 비료를 필요로 했기 때문이다. 또한 근세에는 면화 등 상품 작물 생산의

---

7) 네자키 미쓰오(根崎光男)「에도의 하비유통과 인분관(江戸の下肥流通と屎尿観)」『人間環境論集』九(一), 2008, 1~21쪽.

융성과 더불어 어비魚肥나 깻묵油粕 등이 도입되었다. 이처럼 돈을 주고 사야 하는 비료를 '판매비료金肥'라고 불렸고 각지에 이를 집산하는 비료상들이 생겨나 새로운 시장을 형성했다. 이에 반해 도시 근교 채소 재배 지역의 확대와 함께 활발하게 이용되기 시작한 퇴비·구비廐肥(동물의 분뇨)와 함께 하비下肥는 농민들에게는 저렴하게 구입하거나 자급자족할 수 있는 비료였다. 근세에는 '판매비료'의 생산과 유통이 확대되지만 값비싼 판매비료 만으로는 농업 경영에 압박을 느낄 수밖에 없어서 17세기 후반부터는 화폐로 구입하는 판마비료 뿐만 아니라 분뇨를 썩히고 발효시켜 자급자족 가능한 하비가 유용하게 활용되기 시작했다.

3.4 경제를 움직이는 에도의 똥

에도의 인구 증가는 사람의 숫자뿐만 아니라 당연히 분뇨의 양 증가로 이어졌고 이는 하비의 거래를 촉진했다. 분뇨가 비료로서 유용하게 쓰이게 되자 그 가격은 치솟았고 근세 후기인 1790년대부터는 농민들이 조직적으로 분뇨 가격 인하 협상을 벌이기도 했다.

그 시장 규모, 즉 똥의 양을 정확히 파악하기는 어렵지만, 농민들이 가격 인하 협상을 할 때 작성된 고문헌에 기록된 수치를 통해 대략적인 규모를 짐작할 수 있다. 이에 구체적인 데이터에 근거한 추정을 통해 에도의 분뇨의 양과 그 이용에

제3장 보물로서의 똥

관해 확인해 보자[8].

예를 들어 1750년경에는 100명당 1년간 하비의 가격은 대략 금 2냥이었다. 한 짐(=4두斗)당 가격은 대략 32전이었다. 한 짐은 2두[9] 통 두 개 분량으로 저울대 양 끝에 매달아 한 사람이 지고 갈 수 있는 양을 뜻한다. 당시 에도의 인구는 약 100만 명이었으니 한 해에 총 2만 냥에 달하는 하비가 거래된 것으로 추산할 수 있다. 놀랍게도 지금의 돈으로 환산하면[10] 8억~12억 엔의 시장 규모라는 뜻이 된다.

그리고 양으로 환산하면 375만 짐이므로 2.7억 ℓ다. 숫자만으로 가늠하기 어렵기 때문에 알기 쉽게 분량으로 나타내면 25미터 수영장 약 5060개 분량이다[11]. 꽤 많은 양이지만 오물로 버려지는 것이 아니라 농업용 비료로 매매되어 주변 농촌의 밭에 환원되고 있었다.

그렇다면 이 거대한 순환 시스템은 도대체 어떻게 이루어지고 있었던 것일까?

분뇨 퍼내는 일을 에도에서는 '시모소지下掃除(분뇨처리)'라고 불렀고 이를 담당하고 분뇨를 운반하는 사람은 '시모소지인下掃除人(분뇨처리인)'이라고 불렸다. 대부분은 에도 주변에

---

8) 이하의 수치는 「에도의 하비유통과 인분관」 1~21쪽. p62 각주 참고.
9) 1두 = 약 18ℓ.
10) 쌀값으로 환산하면 에도시대 중기의 1냥은 4만~6만 엔으로 추정된다. 일본 화폐박물관 홈페이지 '화폐의 역사' 참조.
11) 25미터 수영장의 물 = 48만 ℓ로 환산.

사는 농민들이었다. 분뇨처리인은 무가의 저택이나 사찰, 마을 사람들과 계약을 맺고 금전이나 현물(채소나 절임류)을 대가로 제공함으로써 그 권리를 얻었다. 그들은 마을 단위로 조합을 조직하고 청소에 관한 의정서를 주고받았다. 이처럼 조직적인 거래가 이루어졌고 거래에 관한 약속 등도 상당히 치밀하게 정리되어 있었다.

이러한 교환·순환 경제의 실상을 엿볼 수 있는 고문서 중 하나인 무사시국 도요시마군豊島郡 도쿠마루혼무라德丸本村(현 도쿄도 이타바시板橋구.)의 1598년 8월 '하비청소대금조서'를 살펴보자[12]. 이 사료에는 1년간의 하비 청소에 대한 자세한 내용이 기록되어 있다. 거기에는 예컨대 이런 식으로 적혀 있다.

초자마치長者町 2번지	농민百姓
— 데시마 우쥬로手島宇十郎·6명	덴자에몬伝左衛門
단무지 2통沢庵弐樽	
시타야下谷	촌로年寄
— 나가시마 신자에몬長島真左衛門·5명	젠베에善兵衛
단무지 2통	
가지 2백개茄子弐百	
가야마치茅町 2번지	농민
— 가쓰야 다마지로加津屋玉次郎, 12명	시치로자에몬七郎左衛門
금 2냥金弐両	

---

12) 『도쿠마루혼무라(德丸本村) 마을의 촌장 야스이가 문서』 제2권, 139~145쪽. / 板橋区教育委員会社会教育課編『文化財シリーズ第二十集「郷土史料集」德丸本村名主安井家文書』第二巻, 板橋区教育委員会社会教育課, 1976

제3장 보물로서의 똥

첫 번째 설명을 분석해보면 도쿠마루혼무라 마을의 농민 덴자에몬伝左衛門은 초자마치 2번지에 사는 6인 가구의 데시마手島와 청소 계약을 맺었고 대금은 '단무지 두 통'으로 지불했음을 알 수 있다. 이어 젠베에善兵衛는 단무지 두 통에 더해 '가지 이백 개'를 제공하였고 시치로자에몬七郎左衛門은 화폐로 지불했다.

같은 해의 기록을 종합하면 분뇨처리인은 마을 내 농민 71명, 청소 대상은 146가구, 총 가족 수는 1239명이었다. 여기서 나오는 분뇨와 교환한 분뇨처리대금의 총수는 금46냥 2주전 10문 외에 무 1만 5170개, 말린 무 2만 7500개, 말린 무 11통, 단무지 절임 68.5통, 절임무침 1백개, 가지 2만 5520개 등 실로 엄청난 양이었다[13].

나라奈良와 오사카에서의 하비에 대해 연구한 이와이 히로미쓰岩井宏實에 따르면[14] 근대의 나라에서는 분뇨 대금을 시리마이尻米(엉덩이 쌀)라 불렀다고 한다. 시리마이는 연말에 지불하는 것으로 되어 있었는데 '똥 9승升', 즉 한 사람당 아홉 되씩 계산해서 가져간다. 예를 들어 청소할 사람이 다섯 명이라면 총 4두 5승(약 81ℓ)에 해당하는 '엉덩이 쌀'을 가져가게 되는 것이다. 이때 설날 떡국에 넣을 무와 고구마, 새끼줄을 만들

---

13) 「에도의 하비유통과 인분관」 11쪽. p62 각주 참고.
14) 이와이 히로미쓰(岩井宏實) 「나라·오사카의 하비소동(奈良·大坂の下肥騒動)」『あるく みる きく』二四(三), 近畿日本ツーリスト(株)·日本観光文化研究所·神崎宣武, 1987, 22~29쪽. 에도 시대에는 오사카(大阪)를 '大坂'로 표기했다.

짚, 설날 불 피우는 데 쓸 풋콩 가지 같은 것도 함께 가져갔다.

똥의 가격은 구입처에 따라 등급이 정해져 있었다. 빈부의 차이에 따라 먹는 것이 다르면 똥에 포함된 내용물에도 차이가 있었기 때문이다. 무가의 분뇨는 비쌌다. 또한 지금의 아파트와 같은 '연립주택'의 변소에 쌓이는 분뇨도 집주인의 중요한 수입원이자 재산이었다. 그리고 그 대금지불은 앞서 말했듯이 화폐 외에 채소나 절임류와 같은 현물과의 교환으로 이루어졌다.

3.5 지볼트가 본 물의 도시 오사카의 분뇨선

에도에 버금가는 또 하나의 대도시인 오사카의 상황도 조금 언급해 두자. 물의 도시 오사카에서는 분뇨를 운반하기 위해 종횡으로 흐르는 강과 운하를 이용했다. 1776년 무렵에는 '분뇨선下屎船'이 2000척이나 등록되어 있었다고 한다. 이 같은 오사카의 풍경을 의사이자 자연학자였던 지볼트[15]는 1826년 『에도 참부기행[16]』 5월 9일자 일기에 다음과 같이 기록하고 있다.

> 오사카시에서 자주 특별히 만든 비료선이 온다. 이 비

---

15) [역주] 필립 프란츠 발타자르 폰 지볼트(독일어: Philipp Franz Balthasar von Siebold, 1796년 2월 17일~1866년 10월 18일)는 독일의 의사이자 생물학자이다. 일본에서 서양 의학을 처음 가르친 유럽인으로 유명하며 일본의 식물과 동물 고유종을 연구한 것에 의의가 있다.

16) 지볼트(ジーボルト) 저, 사이토 신(斎藤信) 역 『에도 참부기행(江戸参府紀行)』東洋文庫, 平凡社, 1967

제 3 장 보물로서의 똥

료는 일본 전역에 통용되는 것으로, 사람들은 이것을 여름 내내 쌓아두었다가 각종 정원수나 곡식에도 뿌리는 것을 습관화하고 있다. 그래서 6·7·8월에는 눈에 띄는 대부분 지역, 특히 대도시 주변 지역이 더러워져 우리가 경치를 즐기는 데 방해가 되는 경우가 많다.

2000여 척의 분뇨선이 유유히 오가는 강변의 풍경이 눈에 들어온다. 그와 동시에 독일인 지볼트에게는 그것이 빼어난 경치의 '방해'로 여겨졌다는 점이 흥미롭다. 그것은 분뇨를 비료로 경작에 사용하는 데 대한 일종의 혐오감이 포함되어 있었기 때문일 것이다.

그런데 오사카의 경우 똥과 오줌은 구별되어 거래되었다. 오줌은 세쓰摂津·가와치河内 지역 127개 마을의 농민들이 마을 사람들을 대상으로 채소와 무 등을 교환해 가져갔다. 농민들이 사용하는 분량보다 더 많은 양을 사들여 추가로 매매하는 '소변 나카마小便仲間'라는 업자가 나타났다. 그들은 1772년에는 영업세를 납부하고 공식적으로 활동하게 된다.

이렇게 보면 에도에서든 오사카에서든 똥은 분명 경제를 돌리는 중요한 역할을 하는 존재였음을 알 수 있다.

기록을 보면 인분뇨를 포함해 다양한 것을 아낌없이 비료로 사용하는 일본의 농업 기술을 '근면'과 '숙련'으로 평가하거나 미국 보스턴에 비해 배설물로 인한 질병이 적다는 점을 의학적으로 높이 평가하고 있는 점이 흥미롭다.

그 평가와 반대로 '견디기 힘든 것'으로 공통되게 기록되어 있는 것은 '냄새'에 관한 것이다. 서유럽에서는 겨울철을 제외하고는 휴경지休耕地에 가축을 방목하고 그 분뇨로 지력 회복을 도모해왔기 때문에 일본만큼 불쾌한 냄새를 느끼지 못했을 것으로 보인다. 물론 일본과 서유럽의 기후·기온·습도·토양 상황에 따른 발효 과정이 다른 것도 한 요인일 것이다. 지리학적으로 보면 그 차이는 분명하다.

3.6 서구에서 볼 때 인분은 왜 '비료'가 아닌 걸까?

17세기부터 19세기까지 일본에서 농업에 인분뇨가 비료로 이용되는 것을 보고 듣고 자세한 기록을 남긴 것은 지볼트 뿐만이 아니었다(표 3.1).

서구 농업에서는 가축의 분뇨를 비료로 사용해 왔기 때문에 인분뇨를 마찬가지의 자원으로 보려는 발상 자체가 없어 생각지도 못한 일이었다. 그런 사람들에게 근세부터 근대 일본에서 전개된 인분뇨의 활용 풍경과 그 냄새를 경험했을 때의 놀라움은 기록으로 남기지 않고는 배길 수 없었을 것이다.

표 3.1 일본의 인분뇨에 대한 서구의 시선[17]

1656 / 포르투갈 / 선교사 / 루이스 프로이스 : 우리의 화장실은 집 뒤, 인적이 드문 곳에 있다. 그들(일본인)의 (변소)는 집 앞에 있고, 모든 사람에게 개방되어 있다. …우리는 분뇨를 치워주는 이에게 돈을 지불한다. 일본에서는 (반대로) 그것을 사는 사람이 쌀과 돈을 지불한다.

1775 / 스웨덴 / 의사, 식물학자 / 칼 페테르 툰베리 : 전 세계에 이 나라(일본)만큼 정성스럽게 비료를 모으는 나라는 없다. …유럽의 밭에서는 거의 이용하지 않는 소변조차도 이곳(일본)에서는 큰 항아리에 정성스럽게 모아둔다. 그 항아리는 농촌뿐만 아니라 길가 곳곳에 묻혀 있다.

1820 / 네덜란드 / 상관원 / 마리누스 핏셀[18] : 땅에는 비료를 주지만, 그 비료에는 사람이나 동물의 배설물 또는 …멸치나 정어리 등 남는 어류가 이용되고 있다. …여행자에게 있어서 불쾌감을 줄 수 있는 것은 뭐냐면 비료를 막 뿌린 밭에서 나는 악취, 밭으로 운반하기 위해 끊임없이 쌓아두는 거름, 특히 마을 안의 집들 옆에 있는 거름더미와 거름통의 악취만큼 불쾌한 것은 없다.

1859 / 영국 / 주일공사 / 러더포드 올콕 : 마을에서 논밭으로 보내는 액체 비료를 담은 뚜껑이 없는 통을 운반하는 이들이 줄을 지어 지나가는 모습이나 매우 귀중하지만 '위험물'이라고도 할 수 있는 그것(인분뇨)을 실은 말들이 줄지어 지나가는 것은 정말로 보고 싶지 않은 모습이다.

1860 / 독일 / 공사의 수행원, 화가 / 알베르트 베르크[19] : 가축의 수가 적기

---

17) 출처: 아리조노 쇼이치로(有薗正一郎)「16세기 후반부터 19세기에 일본을 방문한 외국인이 기술한 일본 서민의 인분뇨 처리(一六世紀後半から一九世紀に日本を訪れた外国人が記述する日本庶民の人糞尿処理)」『愛大史学』(二七), 2018, 128~113쪽 발췌.

18) Marinus Willem de Visser(1875~1930)

19) Albert Berg(1825~1884)

3.6 서구에서 볼 때 인분은 왜 '비료'가 아닌 걸까?

때문에 …일본의 농부들은 대신 모두 자신과 동포의 그것(인분뇨)을 의지하여 비료를 만들고 있다. …집에서만 하는 것이 아니라 거리나 밭이나 숲에서도 통이나 용기가 놓여 전부를 수용하게 되어 있다. …그것(배설)을 할 때는 정해진 곳 이외에서는 절대로 하지 않는다. 도시에서는 분뇨 수거는 제대로 된 조직을 가지고 있다. …에도 부근에서도 그것(배설물)을 싣고 가는 말의 행렬이나 운하에 수많은 비료선이 있는 것을 볼 수 있다. 진짜 비료 만들기는 큰 통이나 돌항아리 안에서 이루어진다. 이것은 농가의 마당과 밭 곳곳에 가장자리까지 흙 속에 묻혀 있다. 이 안에 분뇨를 부어 다른 것을 넣지 않고 물로 희석하여 열심히 저어주면 깨끗하게 녹아 균일한 죽처럼 된다. …날씨에 따라 2, 3주 정도 발효시킨다. 저어서 딱딱한 것은 아래로 가라앉고 물은 증발한다. …원래 상태 그대로 비료로 만드는 것은 일본인은 절대로 하지 않는다.

1866 / 덴마크 / 해군사관 / 에두아르드 스엔손[20] : 눈이 아닌 후각이 일본의 풍경에 향하는 비난의 원인은 …악취다. 흙을 비옥하게 하려고 똥을 오줌에 녹여 만든 것도 사용하는데, 이 끈적끈적한 액체는 산비탈에 파놓은 구멍에 저장되고 곧 부패하여 암모니아 냄새를 풍기게 되는 것이다. 땅에 이것을 뿌리는 달에는 이 가증스러운 혼합액을 뚜껑이 달린 통에 담아 밭을 돌아다니며 갓 싹을 틔운 식물에 뿌린다. 덕분에 식물은 영양분을 공급받아 쑥쑥 자라며 서구의 시비법보다 훨씬 뛰어난 효과를 가져온다. 하지만 눈을 즐겁게 하는 것만큼이나 코에는 혐오감을 불러일으키기 때문에 아무리 자연을 사랑한다 해도 이 계절만큼은 두려움에 떨며 시골을 떠나 도시의 공기와 바닷바람에 만족하는 것 외에는 다른 방법이 없다.

1869 / 이탈리아 / 이탈리아 사절 / 비토리오 아르미니온[21] : 가장 일반적으로 사용되는 비료는 인분이며 여기에 짚이나 밀짚을 섞는다. 전 세계 어디를 찾아봐도 일본 농부만큼 자신의 논밭을 가꾸는데 정성을

---

20) Edouard Suenson(1842~1921)
21) Vittorio F. Arminjon(1830~1897)

제3장 보물로서의 똥

쏟는 사람은 없다. 그들이 밭을 경작할 때의 숙련도, 근면함, 그리고 세심함은 정말 칭찬할 만하다.

1877~83 / 미국 / 생물학자 / 에드워드 모스[22]) : 도쿄의 사망률이 보스턴의 사망률보다 낮다는 사실에 놀란 나는 이 나라(일본)의 건강 상태이 관해 약간의 연구를 했다. 그에 따르면 (일본에는) 이질 및 소아 열이 전혀 없으며 …우리나라(미국)에서 나쁜 배수와 불완전한 화장실, 그 밖의 것에 기인하는 이런 종류의 질병이 없거나 있어도 매우 드물다고 한다. 이는 모두 배출 물질이 도시에서 사람의 손에 의해 운반되고 그들의 농장과 논에 비료로 이용되는 것이 원인일지도 모른다. …일본에서는 이것(도시 폐기물)을 소중히 보존함으로써 토양을 풍요롭게 하는 역할을 한다.

자국과 일본을 비교한 기록을 통해 알 수 있는 것은 분뇨는 서구 사회에서는 '숨겨야 하는' 것, '폐기해야 하는' 것이자 '위험물'에 지나지 않았다는 것이다. 따라서 어느 기록도 이 같은 기술을 도입하려는 의도는 없고 단지 자국에서는 분뇨를 비료로 사용하지 않을 것이라는 입장이었던 것으로 보인다. 지금까지의 연구가 이미 지적한 바와 같이 일본을 포함한 동아시아 지역에서는 배설물은 오랜 세월 동안 농업, 특히 도시 주변 농업에 없어서는 안 될 비료로서의 구실을 해왔다. 그에 반해 유럽 사회에서는 배설물을 비료로 보기보다는 전염병 등을 매개하기 때문에 처리해야 할 '오물'이라고 생각해왔다[23]).

---

22) Edward Sylvester Morse(1838~1925)
23) 엔조 아키오(遠城明雄)「인분거래에서 본 도시-농촌 관계의 변용(屎尿取引からみた都市・農村関係の変容—1920~1930年代の広島市を事例として)」『空間・社会・地理思想』(二三), 2020, 37~51쪽; Rockefeller, A. 1998. "Civilization and Sludge: Notes on the History of the Management of Human excreta." *Capitalism, Nature, Socialism* 9(3): 3~18쪽.

그렇다면 왜 서구 사람들에게 인분뇨는 '비료'로 보이지 않았던 것일까? 그 해답 중 하나는 앞서 언급했듯이 두 지역의 농업 특성에서 찾을 수 있다. 또한 이것은 아직 상상일 뿐이지만 종교적 차이에서 인분을 다른 생물의 분뇨와 명확히 구분하는 서구 사회의 모습을 엿볼 수 있을 것 같다. 기독교 사회에서의 인간과 자연의 관계와 일본이나 아시아에서의 그것의 차이가 '인분뇨란 무엇인가?'라는 질문에 대한 답의 차이를 만들어냈다고 해도 과언이 아닐 것이다.

3.7 비료와 재배

여기서는 근세 일본에 살았던 사람들이 직접 남긴 기록을 통해 똥과 인간의 관계를 생각해 보고자 한다. 앞서 말했듯이 근세는 농업 기술을 지도하는 다양한 '농서'가 탄생한 시대이기도 하다. 그중 하나인 1720~1730년대 가나자와를 그린 그림 농서 『농업도회農業図絵』를 중심으로 똥에 관한 구체적인 기록을 살펴보자. 이 그림 농서에는 농민들의 농사일이 계절별로 세밀하게 그려져 있어 그 풍경을 떠올릴 수 있다.

먼저 그림 3.1에는 '가나자와국 정월, 농부가 2일부터 논밭에 비료를 주고育 있다'라고 적혀 있다. 여기서 사용된 '기를 육育'은 '거름 비肥'와 동의어이자 나아가 '기를 양養'과도 동의어라는 점에 먼저 주목하고 싶다.

'비료'가 무엇인지는 그림 3.2를 보면 그 구체적인 모습을

제3장 보물로서의 똥

그림 3.1 교호시대 가나자와국의 정월 풍경
(문장은 金沢国正月田方二日より田畑育候)
출처: 쓰치야 마타사부로(土屋又三郎) 저, 시미즈 다카히사(清水隆久) 해설, 「농업도회(農業図絵)」『일본농업전집 제26권』농산어촌문화협회, 1983년.

3.7 비료와 재배

그림 3.2 교호시대 가나자와국의 거리 풍경과 농민

제3장 보물로서의 똥

알 수 있다. 길 한가운데를 걷고 있는 세 명의 농부는 물지게를 지고 있다. 그렇다면 이 세 사람은 어디로 가는 것일까? 그 답은 물지게 양 끝에 있는 통을 보면 알 수 있다. 세 사람은 이제부터 마을로 가는 것이다.

왜일까? 한쪽에는 빈 통, 다른 쪽에는 무가 담긴 통이 매달려 있기 때문이다. 다른 한 사람이 들고 있는 지게에는 빈 통에 볏짚이 올려져 있다. 마을에서 돌아오는 길이라면 빈 통에는 분뇨가 들어 있고 무와 볏짚은 사라졌을 것이다. 이렇게 농부들은 재배한 무와 볏짚으로 마을 사람들의 분뇨를 '교환'하러 나간다. 에도의 경제를 움직이는 똥에 대한 설명에서 언급했듯이 근세 가나자와에서도 분뇨의 거래는 화폐로 이루어지는 일도 있지만 이러한 물물교환으로 대신하는 때도 적지 않았다.

또 한 장의 그림을 보자. 논과 밭에서 농사를 짓는 사람들이 그려진 그림이다. 왼쪽 위에는 '보리와 유채에 거름을 주고 있다'라고 적혀 있다. 화면 위쪽에는 거름통을 놓고 오른손에 든 국자 같은 것으로 작물에 거름을 뿌리고 있다. 화면 중앙 하단에는 비료통을 지게에 걸어 운반하고 있다. 오른쪽 아래에는 짚으로 반원뿔형 지붕을 얹은 '거름통'을 확인할 수 있다. 저울을 들고 있는 농부는 이 거름통에서 밭으로 거름을 옮기는 중이다.

이러한 일련의 '비료' 관련 그림에 대해 다음과 같은 해설이 있다.

● 3.7 비료와 재배

그림 3.3 교호시대 가나자와국의 2월 (문장은 麦菜種育仕候)

비료를 육育이라고 쓴 부분, 또는 비료에 육育이라는 문
자를 붙인 부분에서 농부가 비료에 대해 가졌던 마음,
즉 단순한 물건으로서의 비료가 아닌 정신적인 관계의
깊이 같은 것을 느낄 수 있다[24].

'비료肥'를 '기르다育'로 보았다는 것은 결국 사람들이 똥을 '생명'을 기르는 것으로 인식하고 있었다는 것을 의미한다. '유용하다'는 것뿐만 아니라 생과 사의 연결, 그리고 생과 사를 연결하는 하나의 '고리' 속에 똥을 위치시키는 농부들의 사고방식을 '단순한 물건으로서의 똥이 아니라 정신적인 관계의 깊이'로 설명한 부분이라 하겠다.

3.8 썩은 흙을 고르다

이는 근세에 수많은 농서를 저술한 오쿠라 나가쓰네大蔵永常의 말을 통해서도 알 수 있다. 예컨대 그의 저서 『농가비배론農稼肥培論』의 '총론'에는 다음과 같이 적혀 있다.

> 무릇 농업에서 가장 소중히 여겨야 할 것은 썩은 흙糞壌을
> 고르는 것이다. 이는 곧 천지의 화육을 돕는 것 중 하나
> 이며 백곡을 세상에 가득 채워서 만민의 생계를 윤택하게
> 하는 것이 그 첫 번째 목적이다. 이는 인간에 있어서는
> 위로는 천자天者로부터 아래로 백성百姓에 이르기까지,
> 또 새·짐승·벌레·물고기에 이르기까지 살아있는 것은

---

24)「농업도회(農業図絵)」해설 참조.

3.8 썩은 흙을 고르다

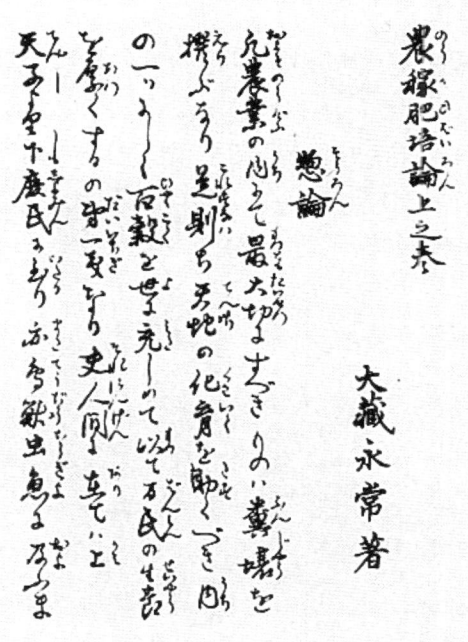

그림 3.4 『농가비배론 상권』총론
출처 : 德永光俊編『日本農書全集　第69卷』「농가비배론 상권(農稼肥培論上之卷)」大藏永常,「재배비록(培養秘錄)」佐藤信淵, 農山漁村文化協會, 1996

　　모두 먹지 않고는 생명을 유지할 수 없는 것임은 누구나
다 아는 사실이다.

　　농업에서 가장 중요한 것은 '썩은 흙糞壤'이며 이는 '천지화
육天地化育', 즉 천지자연이 만물을 만들고 키우며 다양한 곡식으
로 세상을 채우고 모든 이들을 먹여 살게 하는 것이라고 한다.
'썩은 흙'은 다시 말하면 '비옥한 흙'이라는 뜻인데 여기에 '똥분糞'자가 붙어 있는 것이 중요하다.

인상적인 것은 그다음에 '모든 사람, 그리고 모든 생명체는 먹지 않고는 살 수 없으니까'라고 설파하고 있다는 점이다. 똥·흙·음식·생명·인간·새·짐승·물고기 모두가 '농업'이라는 행위 속에서 하나의 '고리'로 그려지고 있다. 이것이 총론의 첫머리에 놓여 있다는 것을 다시 한번 명심하고 싶다.

3.9 똥을 비료로 만드는 기술 ―『농업전서』의 지침

현대를 살아가는 우리는 똥이 어떻게 비료가 되는지 사실 거의 알지 못한다. 그래서 그 기술을 근대의 농서에서 배워보고자 한다. 서양에서 온 방문객들의 기록에서도 볼 수 있듯이 똥이 그대로 비료가 되는 것은 아니었다.

1697년에 출판되어 기술서, 지도서로 널리 읽힌『농업전서農業全書』를 살펴보자. 저자인 미야자키 야스다다宮崎安貞는 40년에 걸친 농사 경험이 있고 여기에 더해 각지를 돌아다니며 우수한 농업 기술을 가진 농민들에게서 경험과 지식을 배워 이를 책으로 정리했다.

『농업전서』1권 제6장의 제목에서는 '똥 분糞'자를 쓰고 '고에肥'라고 읽게 했다. 즉, 비료에 대한 기술지침이다. 그 문장은 이렇게 시작한다.

> 논밭에는 낫고 못한 곳이 있고, 흙에는 거름이 있고 없으니. 양분 적고 메마른 땅에는 똥을 쓰는 것이 농사의

● 3.9 똥을 비료로 만드는 기술 —『농업전서』의 지침

급선무요. 양분 적은 논을 바꾸어 좋은 논으로 만들고 황폐한 땅을 비옥한 땅으로 만들기 위해서는 똥이 있어야만 한다.

요즘 말로 바꿔말하면, 논밭에는 좋은 곳과 그렇지 못한 곳이 있고 농토에도 비옥한 것과 척박한 것이 있으므로 얕고 척박한 농토에 비료를 주는 것은 농업을 영위하는 데 있어 급선무이다. 거름이 적은 밭을 좋은 밭으로 척박한 땅을 비옥한 땅으로 만드는 것은 비료의 힘에 의존하지 않고서는 불가능한 일이라는 뜻이 된다[25].

이어 그 시대적 배경에 대한 자세한 설명도 적혀 있다. 옛날에는 인구도 적고 논밭 역시 남아돌아서 해마다 땅을 갈아엎고 2~3년 휴경지로 삼을 수 있었기 때문에 비료 주기를 다소 소홀히 해도 괜찮았다. 하지만 요즘은 인구도 늘고 식량 소비도 엄청나게 늘어났기 때문에 그렇게 할 수 없게 되었다. 그뿐만 아니라 일 년 내내 쉬지 않고 농사를 짓게 되다 보니 지력 소모가 심해져 작물을 키우는 땅의 힘이 약해지고 있다.

그래서 비료를 충분히 주고 항상 지력을 키워주어야 한다. 따라서 농부들은 계획적으로 비료를 주는 것에 신경을 써야 한다. 짚이나 쓰레기, 밀짚이나 왕겨, 벼 이삭, 마른 풀 등 대략 비료가 될 만한 모든 것을 모아 매일 가축우리에 깔고 소나

---

[25] 야마다 다쓰오 · 이우라 도쿠(山田龍雄 · 井浦德) 감수 『미야자키 야스사다(日本農書全集一二 農業全書 第一~五 宮崎安貞)』農山漁村文化協会, 1988, 91~92쪽.

말이 밟고 분뇨를 흘리게 하여 적당히 쌓이면 비료창고로 옮겨 놓아야 한다. 비료창고가 없으면 비료를 많이 쌓을 수 없으므로 농부라면 그 분수에 맞게 비료창고를 지어 놓아야 한다고 한다.

비료에는 분뇨 외의 다양한 것들이 포함된 것도 중요하다. 이렇게 쌓아둔 모든 것들이 '썩어서腐熟' 비료가 되는 것이다. 추운 시기 등 썩히기에 시간이 걸리거나 잘 썩지 않는 것을 넣을 때는 부추를 한 움큼 비벼서 넣으면 좋다든지 문밖에 놓는 거름통은 남향에 두고 통 안쪽까지 햇볕이 잘 들도록 하라는 둥 구체적인 조언도 곳곳에 적혀 있다.

3.10 약의 배합과 요리의 버무림처럼

그리고 미야자키 야스사다에 따르면 똥의 배합과 시비 방법은 다음 문장에 쓰여 있는 것처럼 '약의 배합'이나 '요리의 버무림'에 비유할 수 있다고 한다.

> 똥도 약제와 마찬가지로 마음가짐이 중요하며 한 가지 색으로만 구분할 수 있는 것이 아니라 여러 가지를 잘 섞고 잘 익혀서 사용하는 것이 중요하다. 똥 만큼은 새 것만으로는 효과가 없으니 숙성 정도를 잘 기억하여 숙성되었을 때 사용하라, 그 징조가 많다.
>
> 또 논밭에 똥을 넣는 것, 말하자면 음식에 양념을 넣는 것이다. 각각의 재료를 잘 생각하여 맛과 향을 조절해야 하는 것이다.

'똥糞'이라는 글자는 '밭에 양손으로 뿌린다'는 뜻을 지니고 있다고 1장에서 언급한 바 있다. 그것은 이처럼 '비료'로서 음식물을 흙으로 되돌려주는 행위를 의미한다고 할 수 있다. 그 사이에 인간이 '먹고', '배설하는' 행위가 있다. 이 고리 속에서 이 시대의 똥은 '똥' 그 자체라기보다는 오히려 '비료'라는 넓은 의미의 '똥'의 일부에 포함된 다양한 것 중 하나로 자리매김하고 있었다.

제 4 장

대립하는 똥의 이용과 처리
근대 '물질 순환'의 재편

4.1 아이치현 직물공장 역사서를 통해—「비료도장」

제3장에서 살펴본 바와 같이 똥이 경제를 돌리는 존재가 될 수 있었던 것은 언제부터였을까?

일반적으로 다음 두 가지 관점에서 근세에 성립된 물질 순환이 근대를 거치면서 쇠퇴했다는 대략적인 개략적인 그림이 그려져 왔다. 첫째, '비료상'의 발흥과 농민의 '판매비료金肥'의 증가를 지표로 하여 주로 새로운 비료의 유통-판매가 경제사적 관점에서 밝혀져 왔다[1]. 여기서 비료는 농업에서 '순환하는

---

1) 아이치현의 비료상 관련 연구로는 나카니시 사토루·이오쿠 나루히코(中西聡·井奥成彦) 편저 『근대 일본의 지방사업가(近代日本の地方

제4장 대립하는 똥의 이용과 처리

물질'이라기보다는 근대 이후 대량으로 유통되기 시작한 '주요경제품목'으로서 주목받고 있다. 두 번째는 위생 관념과 화학비료의 도입으로 인해 분뇨의 이용이 줄어들면서 근세 이후 '순환 시스템'이 '쇠퇴'했다는 주장이다[2].

그러나 순환의 구조가 어떻게 변화했는지 그 구체적인 과정은 아직 밝혀지지 않았다. 또한 이 변화를 단순히 '쇠퇴'로만 설명할 수 있는지 등 몇 가지 의문이 남는다[3]. 그래서 아래에서는 아이치현을 사례로 삼아 근대의 물질 순환의 전환에 대해 생각해 보기로 한다.

애초에 필자가 똥의 역사를 생각하게 된 것은 아이치현을 현장으로 삼아 섬유업에 대한 연구를 한 것이 계기가 되었다. 근대, 특히 1910~1920년대 이후 아이치현 오니시尾西 지역(현 이치노미야시一宮市) 일대는 모직물의 산지로 유명해 공장이 밀집해 있었고 많은 여성들이 그곳에서 일하고 있었다. 그중

事業家—萬三商店小栗家と地域の工業化)』日本経済評論社, 2015; 이치카와 다이스케(市川大祐)「메이지 시대 아이치현의 비료 유통(明治期愛知県の肥料流通二人造肥料メーカーの流通網形成とシェア)」『北海学園大学経済論集』六十(一), 2012, 71~83쪽; 市川大祐「메이지시대 후쿠시마현의 비료유통(明治期福島県における肥料流通) — 県内肥料流通の数値的検討」『北海学園大学経済論集』六十(三), 2012, 76~79쪽 등이 있다.

2) 이나무라 미쓰오(稲村光郎)『쓰레기와 일본인 – 위생·근검절약·재활용에서 본 근대사(ごみと日本人 — 衛生·勤倹·リサイクルからみる近代史)』ミネルヴァ書房, 2015.

3) 오히려 메이지 정부는 근세 이래로 인분뇨 중심의 비료 정책을 취했다는 주장도 있다. 구스모토 마사야스(楠本正康)『거름과 변소의 생활사 – 자연과의 관계로 살아온 일본민족(こやしと便所の生活史 — 自然とのかかわりで生きてきた日本民族)』ドメス出版, 1981, 75쪽.

4.1 아이치현 직물공장 역사서를 통해 ― 「비료도장」

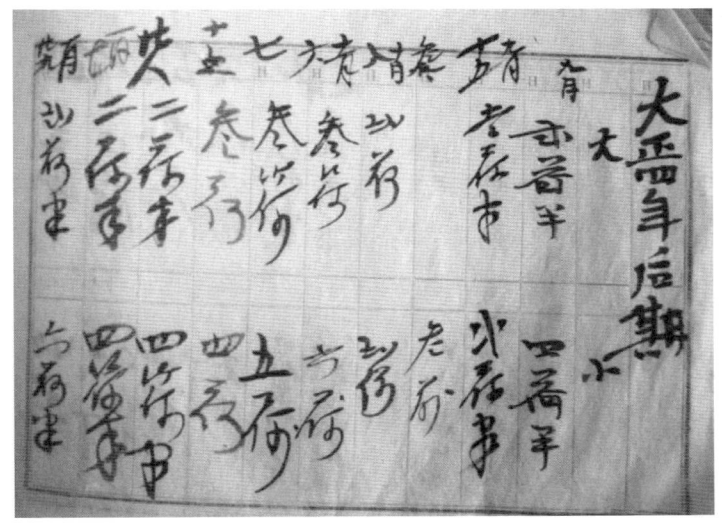

그림 4.1 「비료도장」

하나인 스즈카마 공장鈴鎌工場의 경영 사료를 정리하던 중 표지에 '비료도장肥料渡帳4)'이라고 적힌 두 권의 장부橫半帳가 눈에 들어왔다. 동시에 어째서 섬유공장에 '비료'에 대한 기록이 남아있을까 하는 의문이 들었다.

장부를 넘겨보니 상단에 '대大', 하단에 '소小'라는 항목명이 있다. 그리고 상하단 각각에는 '9월 대 2짐荷 반九月 大 弐荷半', '소 4짐 반小 四荷半' 등이 적혀 있다. 페이지 마지막에는 '합계 7엔 45전, 무로 지급 완료合計 七円四十五錢, 大根ト差引スミ'라고 적혀

---

4) 스즈키 다카시가(家) 문서(鈴木貴詞家文書) 0873, 0874. 이 책에서는 0874를 중심으로 분석했다.

있다.

'대'와 '소', 이것은 도대체 무엇일까?

독자 여러분은 이미 눈치챘을지도 모르겠다. 나도 이 내용이 어딘지 모르게 낯익은 내용이었다. 바로 전 장(p65)에서 소개한 '하비청소대금조서'와 똑같다. 즉 이 문서는 분뇨 매매 거래에 관한 기록이다. 그림 4.1에는 다이쇼 4년 후기에 대변 '22짐 반'과 소변 '43짐 반', 총 7엔 45전 상당을 무와 교환하여 거래한 것이 기록되어 있다. 이 장부의 제목에 있는 '비료肥料'는 물론 여공들의 배설물이다.

4.2 똥에게서 온 편지

이것은 마치 약 100년 전 똥이 나에게 보낸 편지처럼 느껴졌다. 이 사료는 도대체 무엇을 말해주고 있는 것일까? 그런 생각을 하면서 사료를 촬영하고 분석하고 생각했다. 애초에 분뇨 거래 기록은 앞장에서 살펴본 근세의 문서가 대부분인데 근대의 문서로서 이렇게 구체적으로 기록된 실물 문서를 접한 것은 적어도 나에게는 처음이었다. 산더미처럼 쌓여있던 이 사료와의 만남이 보스턴 세계경제사 회의로 이어졌으니 현장 조사란 참 신기한 일이다.

자, 다시 분석으로 돌아가자. 사료에 기록된 수치를 집계한 결과 1900년부터 1905년, 1913년부터 1921년 사이에 주변 농가 약 10가구와 비료 판매 거래 관계를 맺고 있었다는 것을 알 수 있었다.

이 공장에서 농가에 대한 비료 판매 동향을 보면 흥미로운 점이 두 가지 있다. 첫 번째는 비료의 내용이 대변과 소변으로 구분되어 있다는 점이다. 예를 들어 무 재배에는 액체 비료로서의 소변이 필수적인데 이를 희석해서 사용했다. 장부를 보면 농가에서는 대변과 소변을 따로 구입해 운반하고 있었음을 확인할 수 있다. 이들은 봄(전기)과 가을(후기)로 나누어 결산하는 데 반기별로 대변은 100짐, 소변은 200짐 내외가 거의 매년 팔려나가고 있다. 금액으로 따지면 대변이 더 비싸다.

두 번째는 현금뿐만 아니라 짚, 무, 보리 종자 등 농산물이나 꾸리감기[5] 등 직물 관련 작업으로 대금을 지불한다는 점이다. 방직공장은 농산물을 농가로부터 구입한 대금, 혹은 일당 등을 공제한 대금을 하비대下肥代로 수령하는 것이다.

예를 들자면

① 총 6엔 87전, 4엔 31전 무大根작作·3엔 16전 무값·에누리 60전 ② 총 7엔 45전, 무로 지급 완료 ③ 총 7엔 56전 중 일당 1엔·에누리 6엔 56전 ④ 마감 7엔 39전 중 46전 짚 4묶음·차감 7엔 23전 정산 완료 ⑤ 총 6엔 16전, 짚과 꾸리감기 대금 1엔 85전·차감 4엔 63전 등의 기재가 보인다. 1903·1904년의 장부에는 '무'뿐만 아니라 '달걀'과 교환한 기록도 산재해

---

5) [역주] 꾸리감기는 전통 옷감을 짜는 과정의 하나로, 손이나 틀을 이용하여 북(杼) 속에 넣어 위사(씨실)로 사용할 실을 꾸리에 감는 일이다. 일본어로는 구다마키(管卷)로 부른다.

있다[6].

주변 농촌에 여공의 분뇨를 팔고 농가에서 무를 납품한다. 그 무는 공장의 식당에서 반찬이나 장아찌로 조리되어 여공들의 식탁에 오른다. 그것을 먹은 여공들은 노동력을 섬유업에 투입한다. 「비료도장」에서 알 수 있는 것은 이러한 농촌과 공업과의 사이에 성립하고 있는 순환적인 관계이다[7]. 이는 앞장에서 살펴본 근세의 똥과 사회의 관계와 크게 다르지 않아 보인다.

또한 인터뷰 조사에 따르면 여공의 고향 농가에 공장 내 밭의 채소 재배나 절임 작업을 부탁하거나 채소나 장작을 구입하는 경우도 있었다[8]. 즉, 근대 일본의 농촌과 공장 사이에는 '식량'과 '연료'로서, 그리고 「비료도장」이 보여주는 것처럼 '비료'를 매개로 한 물질의 순환적 관계가 형성되어 있었다고 할 수 있다. 이러한 관계가 작은 장부를 통해 여실히 드러나고 있다.

---

6) ①~⑤는 스즈키 다카시가 문서 0874에서 발췌. ①이토 긴조(伊藤金蔵) 1914년 말 ②이토 긴조 1915년 말 ③야마우치 기자에몬(山内儀左衛門) 1913년 봄 ④야마우치 기자에몬 1917년 봄 ⑤야마우치 기자에몬 1917년 8월 중순.
7) 스즈카마 공장 이외의 사례 중 야마나오 모직공장 사료(山直毛織工場史料 三〇七)에도 '하비대입(下肥代入)', 쓰야킨 흥업사료(艶金興業史料三七)에도 '부정대(不浄代)'라는 기재가 산재되어 있다. 이치노미야(一宮)시 오니시(尾西) 역사민속자료관 소장.
8) 스즈키 다카시에 대한 인터뷰 조사(2003년 9월 13일).

4.3 근대 일본 농업사에서의 하비

근대의 농업 기술은 근세에 비해 한층 더 비약적인 발전을 이룬 것으로 알려져 있다. 그 점에 관해서도 확인해 보자.

아이치현의 농업은 1910년대에 접어들면서 크게 변화했다. 그것은 첫째로 나고야시와 교토-오사카-고베권京阪神의 도시 소비자를 대상으로 한 채소·과수 재배, 축산(양계)의 도입에 의한 상업적 농업으로의 전환이었다[9]. 특히 무를 비롯한 채소 재배의 부흥이 두드러졌다. 이러한 상황 속에서 아이치현에서 사용되는 비료의 소비액은 해마다 증가하여 판매비료金肥만 해도 1906년에 340만 엔·반反[10]당 2.4엔이었던 것이 1912년에는 580만 엔·반당 3.3엔, 이듬해에는 760만 엔·반당 4.8엔으로 증가했다[11].

그러나 실제로는 비료 소비액이 증가한 것에 비해 생산성이 높아지지 않았다. 현립 농업시험장은 이를 농민들의 '비료에 대한 지식'이 충분하지 않은 데서 원인을 찾았다. 이에 아이치현립 농업시험장은 '비료 지식의 능숙한 응용은 농업 경영의 중요한 요건'이라며 1916년 『비료 이야기』를 발간했다. 이 책

---

9) 유자와 노리코(湯澤規子)「근대 일본의 산업지역 형성기 농가경제구조의 변화 – 아이치현『농가경제조사』에서 본 농가의 생활(近代日本の産業地域形成期における農家経済構造の変化 — 愛知県『農家経済調査』にみる農家の暮らし)」『史林』九九(一), 2016, 177-208쪽.
10) [역주] 1반(反)은 약 300평 넓이.
11) 아이치현립 농업시험장(愛知県立農事試験場)『비료 이야기(肥料の話)』愛知県立農事試験場, 1916. 이하는 주로 이 자료를 근거로 한다.

에 따르면 인구가 적고 경작지가 넓었던 시대에는 4~5년 동안 휴경할 수 있어 지력 회복을 기대할 수 있었지만, 인구 증가로 인해 같은 땅을 1년에 두세 차례나 혹사시켜 더 많은 수확을 얻어야만 했다. 그 결과 수확할 때마다 토양에 비료를 주어 지력을 유지해야 할 필요성이 이전보다 높아졌다. 특히 질소·인산·칼륨의 세 가지 성분이 비료의 세 가지 요소로 중요하게 여겨지게 되었다고 설명한다.

질소는 썩힌 인분뇨腐熟人糞尿·황산암모늄 비료硫安·청어부산물·대두 깻묵粕·기름 깻묵 등에, 인산은 과인산석회·골분骨粉·구아노·인燐광석·기름 깻묵·쌀겨 등에, 칼륨은 짚거름·목분木粉·대두 깻묵·목화씨 깻묵 등에 함유되어 있다. 이 책에서는 이러한 배합 및 시비 방법을 벼·보리·채소·과수 각각의 작물별로 소개하고 있다.

또한 1914년 발간된 『하비』라는 기술서에는 하비의 성분, 썩히는 방법, 저장법, 뿌리는 방법, 냄새막기·소독법 등이 게재되어 하비를 비료로 사용하기 위한 과학적 근거를 논하고 있다[12]. 이렇게 하여 분뇨의 이용은 옛 관행의 연속이라기보다는 '과학적인' 기술과 논리가 더해져 현대에 이르러 새로운 단계로 나아가기 시작했다.

---

12) 엔 사쿠타(燕佐久太)『하비(下肥)』有隣堂書店, 1914을 참조했다.

4.4 지력 유지와 농민의 자구책

아이치현립 농업시험장은 비료의 세 가지 요소와 그 배합을 구체적으로 설명하면서 '최근 인공비료가 활발히 사용되는 한편 하비가 배제되다 보니 유기질 보충이 충분하지 않아 토양에 결핍이 생겨 땅이 점점 굳어지고 토질이 변질되어 아무리 판매비료를 주어도 효과를 발휘하지 못하는 곳도 있다. 따라서 유기질 비료, 즉 퇴비·두엄厩肥·녹비緑肥 뿌리기는 단순히 비료를 주는 의미뿐만 아니라 지력 유지와 농가의 자력 보호를 위해 가장 필요한 일이다[13].'라며 유기질의 필요성을 강조한다. 보급되기 시작한 '인공비료(화학비료)'는 유기질이 부족해 토양이 굳어지고 이후 아무리 좋은 품질의 비료를 넣더라도 지력 유지가 어려워진다. 이 때문에 다시금 인분뇨는 '유기물 비료'로서 농가에 없어서는 안 될 존재로 자리매김하게 된 것이다.

이러한 '지력 유지'와 더불어 아이치현립 농업시험장이 강조하는 '농가의 자력 보호'에 대해 좀 더 구체적으로 언급하고 싶다. 똥을 사용하는 것이 '농가 스스로를 지킬 수 있다'라는 것은 도대체 어떤 의미일까? 그 사정은 아이치현 나카지마군中島郡 아사히무라가 발간하던 『아사히무라신문朝日村報』에 실린 한 농촌 청년의 기고문에서 짐작할 수 있다.

---

[13] 『비료 이야기』, 12~13쪽. p91 각주 참고.

제4장 대립하는 똥의 이용과 처리

우리 마을의 농사

들리는 이야기로는 1899~1900년경에는 논 일곱 마지기에 밭 세 마지기 정도면 가족 7, 8명이 있어도 넉넉하게 생계를 유지하며 해마다 조금씩 저축도 할 수 있었으나 요즘은 이 정도로는 빚을 낼 정도는 아니지만 남겨서 저축까지 한다는 것은 여간해선 어려운 일이라 생각됩니다. 요즘은 우선 옷가지, 땔감, 비료의 가격이 너무 비싸고 여기에 지세, 소득세, 부현세, 마을세에다 조합비 등 점점 늘어만 갑니다. 어느 정도 논과 밭을 가진 집이래야 겨우 먹고 살 수 있다고 하는데 대부분 여유가 없는 것 같으니 농업만큼 재미없는 일은 없다는 결론이 나오지 않을까 걱정이 됩니다. 과연 농업이 이렇게 비참한 일인가요? 그렇지 않아요. 농업은 고귀한 업무이고 이익이 확실한 업무이며 농가의 경제를 풍요롭게 할 수 있는 방법은 얼마든지 있습니다. 농민 여러분들의 연구가 아직 부족합니다. 주의 깊게 보면 소득 증가의 길은 눈앞에 널려 있습니다[14]. ...

이 글에서 약 3천 평의 논과 밭을 모두 자급자족해도 1917년 당시에는 생활이 어려웠음을 알 수 있다. 그것은 의류, 땔감, 비료 등을 구입하게 된 것과 더불어 그 물가가 치솟은 것에 기인한다. 자세히 읽어보면 이전에는 자급자족하던 것을 시장경제를 통해 얻게 되었다는 근본적인 삶의 변화를 엿볼 수 있다. 행정의 변화와 생산조직의 설립은 농민들에게 세금과 조합비

---

[14] 『아사히무라신문(朝日村報)』 제29호, 1917. 5. 1. 발행. 이치노미야시 오니시 역사민속자료관 소장.

등의 부담도 동시에 증가한다는 것을 의미했다. 이러한 농업과 농촌 생활에 관련된 비용의 증가로 인해 예전에는 충분히 살 수 있었던 농업 규모로는 더 이상 생활이 가능하지 않게 되었다. 이는 앞으로 농업을 이어가려는 청년들에게 매우 큰 과제였을 것이다.

이러한 상황이 자칫 산업 전체에서 농업의 위치를 경시하는 요인이 될 수 있음을 우려하면서도 기고자는 마지막으로 연구와 노력에 따라 소득 증가를 기대할 수 있다고 주장한다. 지금까지의 농업 방식으로는 먹고살기 힘들다는 것을 깨달은 청년들은 농부로서의 삶을 유지하기 위해 농업의 합리화와 농업 경영의 전환을 모색했을 것이다. 그 방법 중 하나가 인분뇨를 중심으로 한 자급형 비료를 활용하는 것이었다.

제4장 대립하는 똥의 이용과 처리

아이치현 내의 비료 소비량 및 소비액(1913년)

	종류	수량 (천관千貫)	비율 (%)	금액 (천엔)	비율 (%)	전錢/ 관貫
동물성판매비료	청어 깻묵	4798	1.1	2135	19	44
	정어리 깻묵	444	0.1	194	1.7	44
	가자미 깻묵	742	0.2	266	2.4	36
	대구 깻묵	206	0	70	0.6	34
	상어 깻묵	100	0	33	0.3	33
	대선 깻묵	123	0	54	0.5	44
	잡어 깻묵	218	0	75	0.7	34
	말린 정어리	95	0	29	0.3	31
	계분	3069	0.7	153	1.4	5
	인분뇨	12154	2.7	122	1.1	1
	기타	575	0.1	185	1.6	32
	계	22524	5	3316	29.5	15
식물성판매비료	대두 깻묵	12261	2.7	2507	22.3	20
	채종유 깻묵	310	0.1	68	0.6	22
	면실유 깻묵	976	0.2	220	2	23
	분말 마씨앗유 깻묵	165	0	29	0.3	18
	기름 깻묵	1069	0.2	56	0.5	5
	기타	510	0.1	72	0.6	14
	계	15291	3.4	2952	26.2	19

다음 페이지로

아이치현 내의 비료 소비량 및 소비액(1913년)

	종류	수량 (천관千貫)	비율 (%)	금액 (천엔)	비율 (%)	전錢/ 관貫
광물성판매비료	과인산석회	2066	0.5	186	1.7	9
	유산암모니아	358	0.1	206	1.8	58
	태운 볏짚藁灰	14433	3.2	160	1.4	1
	기타	2240	0.5	43	0.4	2
	조합비료	3036	0.7	755	6.7	25
	계	22133	4.9	1350	12	6
판매비료 계		59948	13.4	7618	67.7	13
자급비료	인분뇨	172267	38.4	1723	15.3	1
	계분	3409	0.8	119	1.1	3
	예사穢沙	27825	6.2	42	0.4	0
	녹비	17150	3.8	114	1	1
	두엄	55879	12.5	335	3	1
	쌀겨	412	0.1	34	0.3	8
	퇴적비료	81960	18.3	598	5.3	1
	초고간면草稿稈麵	3371	5.2	376	3.3	2
	태운 볏짚	5480	1.2	255	2.3	5
	태운 나무	774	0.2	34	0.3	4
자급비료 계		388527	86.6	3630	32.3	1
총계		448475	100	11248	100	3

* 아이치현립 농업시험장 펴냄, 『비료 이야기』(1916), 115~118쪽, p91 각주 참고.

제4장 대립하는 똥의 이용과 처리

1919년 아이치현립 농업시험장은 당시 농업을 다음과 같이 요약하고 있다. '인구 증가와 생활 수준의 향상으로 채소류의 수요가 점점 증가하는 한편 교통수단의 완비는 현외 지역과의 교역을 활발하게 하여, 그 결과 아이치현의 채소 재배 사업은 근래에 장족의 발전을 거듭하였고 그 생산액이 1천만 엔 이상의 고액에 달해 이제는 전국 유일의 생산지가 되었다[15].' 즉, 채소 재배가 점점 더 활발해지면서 비료 수요가 증가하고 있었다.

그렇다면 아이치현 농업시험장이 추산한 데이터(앞의 표)를 통해 1913년 아이치현 내의 비료 소비 구조를 구체적으로 살펴보자[16].

먼저 양적인 비율로 보면 판매비료金肥는 전체의 13.4%, 자급비료는 86.6%이다. 압도적으로 자급비료가 많다는 것을 알 수 있다. 특히 자급비료로서의 인분뇨는 전체의 38.4%로 가장 높은 비율을 보이고 있다. 그다음으로 퇴비, 두엄이 뒤를 잇는다. 한편 금액으로 보면 판매비료가 67.7%로 자급비료의 32.3%를 크게 웃돌고 있다. 즉, 이 시점에서 아이치현의 비료 소비는 다량의 자급비료에 의존하면서도 고가의 판매비료를 함께 사용하는 구조였다.

---

15) 愛知県立農事試験場編『아이치의 채소(愛知の蔬菜)』愛知県立農事試験場, 1919;『비료 이야기』, 뒷표지.
16) 이 시기 아이치현의 비료 구매 동향에 대해서는 비료를 취급하던 상인을 분석한 이치카와 다이스케(市川大祐)「메이지 후기·다이쇼 시대의 비료 상업·비료 제조업(明治後期·大正期の肥料商業·肥料製造業)」中西聡·井奥成彦編『近代日本の地方事業家—萬三商店小栗家と地域の工業化』日本経済評論社, 2015, 295~302쪽이 있다.

4.4 지력 유지와 농민의 자구책

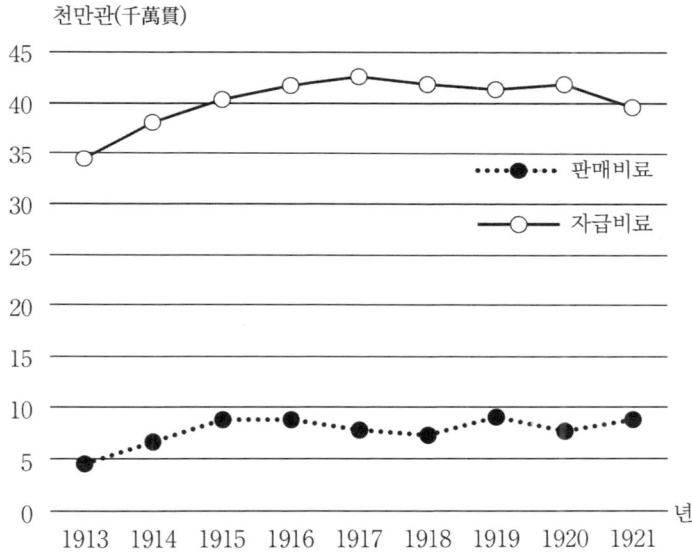

그림 4.2 아이치현에서의 비료 소비량 추이
출처 : 愛知県産業部編『아이치현의 비료(愛知県之肥料)』1923, 43~46쪽

 이 구조는 기본적으로 이후에도 유지되지만, 판매비료량은 약 10년간 두 배로 늘어났고 소비액을 지표로 하면 1916년 이후 그 변동폭이 커진 것을 알 수 있다(그림 4.2, 그림 4.3).

 아이치현에서는 공업 생산이 급속히 확대되는 가운데 농업 자체도 혁신을 도모하며 변화해 왔다[17]. 아이치현에서는 특히 '양계'가 번성하여 도시 근교 농업의 중요한 부문을 형성해 나

---

17) 湯澤規子, 「근대 일본의 산업지역 형성기 농가 경제구조의 변화(近代日本の産業地域形成期における農家経済構造の変化-愛知県『農家経済調査』にみる農家の暮らし-)」『史林』99(1), 2016, 177~207.

제4장 대립하는 똥의 이용과 처리

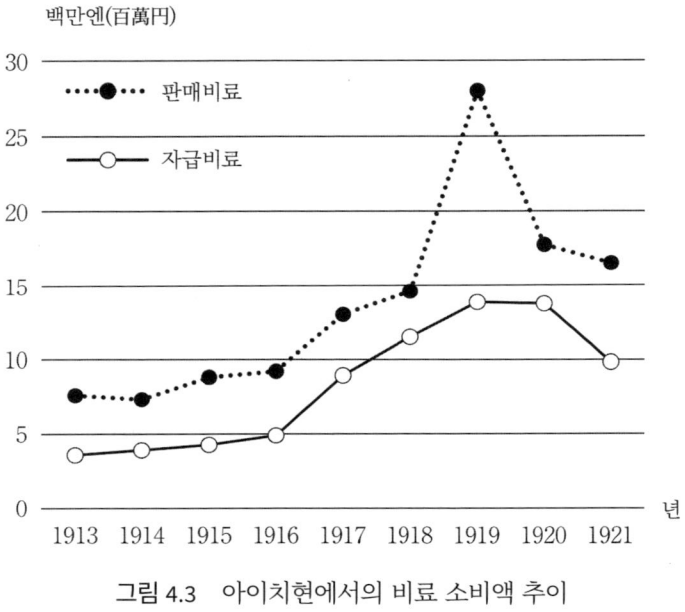

그림 4.3 아이치현에서의 비료 소비액 추이

갔다[18]. 그리고 양계로 인해 발생하는 닭똥 또한 사람의 것과 마찬가지로 비료로서 중요한 의미를 지니게 되었다.

4.5 농가 경제에서 바라본 비료와 똥

이러한 상황은 농민들에게 어떤 경험이었을까? 아래에서는 나고야시 북동부에 인접한 히가시카스가이군東春日井郡 가치가와초勝川町(현 카스가이시 서부)를 사례로 더욱 미시적인 규모로

---

18)『비료 이야기』, p91 각주 참고.

살펴보자.

히가시카스가이군은 나고야시에 인접해 있지만 전업농 비율이 높아 도시 근교 농촌으로서 도시에 식량을 공급하는 지역이었다. 군 내에서도 농가가 비교적 많은 지역이다. 1884년 무렵 히가시카스가이군의 주요 생산품은 무 190정(町), 우엉 1.2정, 인삼 2정, 고구마 376정, 참마 1.6정, 토란 28정, 수박 2.2정, 가지 14.5정, 월동무 2.2정, 파 2정, 참깨 30정[19]이었다.

그 후 '나고야시의 발달 및 팽창으로 인한 인구증가에 따라 채소의 수요가 급증하고 가치가와초 및 모리야마초 부근에서는 그 공급지로서 채소 재배를 위한 농업이 활발해졌으며 또한 히가시카스가이군의 공업지인 세토초(瀬戸町)를 중심으로 한 아사히무라(旭村) 지방에서도 채소 재배에 힘을 쏟는[20] 상황이 전개되었다. 이로써 히가시카스가이군 지역은 상공업이 발달한 나고야시 및 세토초에 식량을 공급하는 근고 농촌지역으로 변모했다. 그리고 근세 이후 자급자족형 비료 중심의 농업에서 판매비료를 도입한 농업으로의 전환이 진행되고 있었다.

이러한 상황 속에서 히가시카스가이군 농업회는 '최근 판매비료, 특히 무기질 화학비료의 사용량이 급증하는 것은 시대변화를 좇는 것이라 할지라도 이를 지나치게 따르면 생산비만

---

19) [역주]1정(町) =3천평.
20) 아이치현 히가시카스가이군 농민회(愛知県東春日井郡農会) 편 『히가시카스가이군 농민회사(東春日井郡農会史)』愛知県東春日井郡農会, 1929, 269쪽.

제4장 대립하는 똥의 이용과 처리

증가하고 오히려 지력을 쇠퇴시키는 폐해가 있어 농가 경제상 매우 우려스러운 상태'라며 다양한 시도를 하게 된다[21].

예를 들어 1915년 쌀값 폭락에 대한 구제책으로 자급비료 사용을 장려했다. 이는 이듬해부터 퇴비창고 건설 장려, 퇴비 품평회 개최로 이어졌다. 또한 질소 지중정착에 효과적인 자소엽 재배를 보급하기 위해 종자 공동구매를 알선하는 한편 녹비로서 '살갈퀴$^{vicia\ sativa 22)}$'의 재배 보급을 목적으로 종자 무료 배포를 위한 채종포 600평을 운영했다. 그러나 1920년대 이후 농가의 비료 구매 비율이 점점 높아지면서 농민회는 '비료 소비 절약이 급선무'임을 강조하게 되었다.

이처럼 도시 수요와 연계하여 근교 농업이 발달한 아이치 현에서는 근세 이후의 하비 이용이 근대에도 계속되고 있었다. 화폐경제에 포함되어 농가 경영개선을 위해 판매비료 사용 절감이 요구되었지만 농업시험장에 의한 과학적 근거가 더해지면서 여전히 비료 사용이 필수적이라고 여겨지는 상황을 반영하여 적극적으로 자급 비료 이용이 권장된 측면이 있다.

---

21) 『히가시카스가이군 농민회사』 485~496쪽.
22) [역주] 일본에서는 독일에서 들여와 자투이켄(ザートウヰッケン, Saatwicken)으로 알려졌다. 콩과 식물로 줄기나 잎이 사료나 녹비로 이용되었다.

4.6 도쿄가 크게 공격해 오다

한편 농촌이 아닌 도시에서는 근대의 하비 이용을 어떤 시선으로 바라보고 있었을까?

근세의 하비 이용에 관해 연구한 와타나베 젠지로는 근세 이후의 변화도 그려내며 1910년대에 이르러 '도시 분뇨의 상품화가 이 무렵부터 점차 사라지기 시작했다', '도시에서는 분뇨가 다시 폐기물 신세로 되돌아가고 있었다'고 언급하고 있다[23].

앞서 살펴본 아이치현의 경우와 같이 근교 농촌이 퇴비 기술 향상에 힘쓰는 한편으로 도시 분뇨의 상품화가 사라지는, 언뜻 모순되어 보이는 두 가지의 방향성은 하나의 지역 안에서 어떤 방식의 갈등으로 표출된 것일까? 다음으로 인구 증가와 도시화, 그리고 산업혁명이 진행되는 근대라는 시대에서 똥이 도대체 어떤 과정을 거쳤는지 생각해 보자.

이 책의 서두에 소개한 도쿠토미 로카의「지렁이의 농담みずのたはこと」은 그가 1906년 귀국한 이듬해 전입한 지토세무라千歳村 가스다니粕谷(현 도쿄 세타가야구 북부)에서의 생활을 그린 작품이다. 신주쿠에서 약 12km 떨어진 이곳은 당시에는 아직 철도도 깔려 있지 않았지만, 확실히 도시화의 발걸음이 점점 가까워지고 있었다. 도쿠토미 로카는 그 모습을 다음과 같이 기록하고 있다.

---

23) 와타나베 젠지로(渡辺善次郎)『도시와 농촌 사이-도시 근교 농업사론(都市と農村の間—都市近郊農業史論)』論創社, 1983, 372쪽.

제4장 대립하는 똥의 이용과 처리

도쿄가 크게 공격해 왔다. 도쿄에서 서쪽으로 불과 3리, 도쿄에 의존해 살아가는 마을이다. 2백만 인구의 바다에 밀려드는 조수의 여파가 마을에 영향을 미치는 것은 당연하다. 도쿄에서 화석연료를 사용하게 되면서 장작 수요가 줄어든 결과인지, 마을의 잡목산이 많이 개간되어 보리밭이 되었다. 길가의 오동나무 가로수가 베어지고 파헤쳐져, 띠 모양으로 된 황무지가 계속 생긴다. 무사시노의 특징인 잡목산을 무자비하게 개척하는 것은 나로서는 살을 깎는 것 같지만, 생활이 그러하니 어쩔 수 없는 일이다. 죽순이 돈이 되니 보리밭을 없애고 맹종죽을 심고, 양잠이 잘 된다고 하니 뽕나무밭을 만들고, 보리·밀보다 도쿄에 직행할 양배추와 원예품에 힘을 쏟는 등 요컨대 옛날의 농촌은 점점 도시에 부속된 채소밭으로 변해가고 있다[24].

이후 1913년에는 게이오 전철이 개통되어 제국 도시의 근교로서 이 지역의 개발이 급속도로 진행되었다[25]. 이러한 상황 속에서 도쿠토미 로카의 농촌 생활 자체는 앞서 언급한 도시 근교 농촌과 마찬가지로 '나의 배설물을 품은' 흙을 경작하는 일상이 계속되고 있었다.

비료로서의 분뇨 이용에 대해 '그 관계가 최종적으로 붕괴한 것은 전후 고도 경제성장기였다[26]'는 와타나베의 지적을 고려

---

24) 도쿠토미 로카(德富蘆花)『지렁이의 농담(蘆花全集 第九卷 みみずのたはこと)』新潮社, 1930, 9~10쪽.
25) 오다우치 미치토시(小田内通敏)『제국의 수도와 근교(帝都と近郊)』大倉研究所, 1918.
26) 와타나베 젠지로(渡辺善次郎)『도시와 농촌 사이-도시 근교 농업사론

하면 '도시의 부속 채소밭'이 된 근대의 이 지역에서도 아마도 이전보다 더 많은 비료가 필요하게 되어 여전히 분뇨는 비료로 이용되고 있었을 것으로 여겨진다.

4.7 도시의 시선과 조롱

그러나 한편으로 주목해야 할 것은 이 시기에 도시 지역에서는 분뇨처리가 시작되었다는 점이다[27]. 밭에 뿌리는 '똥糞'에서 쌀의 시체인 '똥屎'으로 그 가치가 변화하기 시작했다고도 할 수 있다. 근대에는 똥이 사고파는 '상품'에서 돈을 주고 처리해야하는 '폐기물'로 변해갔다. 특히 도쿄, 오사카, 나고야 등 대도시에서 이러한 경향이 두드러져 똥과 사회의 관계가 크게 변화하고 있었다.

예컨대 아래의 시에는 이러한 변화 속에서 일어난 사람들 마음의 변화, 즉 똥에 대한 인식의 변화가 그려져 있다. 도쿄 근교 사이타마현 이리마군 후지미무라富士見村(현 후지미시)의

(都市と農村の間—都市近郊農業史論)』論創社, 1983, 374쪽.

[27] 이 시기 3대 도시의 오수처리 변화에 대해서는 호시노 다카노리(星野高德)의 일련의 연구가 있다. 星野高德「20세기 전반 도쿄의 오수처리 유료화(二〇世紀前半東京における屎尿処理の有料化 — 屎尿処理業者の収益環境の変化を中心に)」『三田商学研究』五一(三), 2008, 29~51쪽; 星野高德「전쟁 전 오사카시의 오수처리 시영화(戦前期大阪市における屎尿処理市営化) — 下水処理構想の挫折と農村還元処分の拡大」『経営史学』四八(四), 2014, 29~53쪽; 星野高德「전쟁 전 나고야시의 오수처리 시영화(戦前期名古屋市における屎尿処理市営化) — 屎尿流注所を通じた下水処理化の推進と農村還元処分の存続」『社会経済史学』八四(一), 2018, 45~69쪽.

제4장 대립하는 똥의 이용과 처리

농촌에서 농사짓는 청년 시부야 조스케(渋谷定輔)의 시이다. 긴 글이지만 전문을 소개하고자 한다.

　　소리 없는 분노(沈黙の憤怒28))

　　　　아침은 아직 달빛이 남아있을 때부터
　　　　저녁은 주위가 어슴푸레해질 때까지 들판에서
　　　　뼈가 부러질 듯이 일해 왔고

　　　　밤에는 2리 정도 되는 정류장에 분뇨를 가지러 가는데
　　　　(도중에 마을을 지나간다)

　　　　벚꽃이 지고 나면
　　　　무척이나 기분 좋은 색깔의 어린잎이
　　　　가로등 불빛에
　　　　반짝반짝 반짝반짝
　　　　쏟아질 듯 무성하게 자라고 있네

　　　　바보 같은 우리 농부들에게
　　　　싸게 사들인 비료와 각종 생활용품을 비싸게 팔고
　　　　우리가 만든 것은
　　　　싸게 사서 남에게 팔아먹고
　　　　이득을 챙기는 마을 사람들은
　　　　그야말로 태평스레 어린 잎사귀 밑에서 놀고 있는 것이다!

　　　　젊은 부부가, 남자가, 여자가
　　　　몇 쌍이나, 몇 쌍이나, 몇 쌍이나
　　　　달콤하고도 낯간지러운
　　　　이야기를 나누며 서로 웃으며……

---

28) 시부야 조스케(渋谷定輔)『들판에게 외치다(定本・野良に叫ぶ ― 渋谷定輔詩集)』平凡社, 1964, 86~90쪽. 이 책의 시는 사이타마현 후지미무라를 배경으로 1992~1994년 사이에 쓰여졌다.

> 나는 그사이를 소를 끌고 간다
> 느릿느릿한 소를, 말 없는 소를—
> 그러자니 살짝 취기 오른 한 무리의 남녀가
> —어이 농부 양반아
>   조심해서 우리 발을 밟지 않도록
>   왼쪽으로 지나가라
> —바보 같은 놈이구나 너, 농부 녀석이란!
>   <u>이렇게 늦은 밤에 똥오줌 따위를 가지러 간단 말이야</u>
>   너 말이야 너—
> —정말 그러네요
> —어지간해선 다른 일을 할 수 없는 저런 녀석만이 할 수 있는 일이지
>   저따위 일은……
> —그래
>   정말로 우리 같은 이들에게는
> —그러네요, 정말 바보 같아요
>   만약 저나 당신이 단 한 시간이라도 저런 일을 하게 된다면
>   차라리 죽어버려요
> —그래
>   우리는 저런 녀석들과는 인종이 다르거든
> —아하하하하……
> ……
> 이런 <u>견딜 수 없는 조롱과 냉소</u>를 뒤로 하고
> 속에서부터 끓어오르는 뜨거운 피와
> <u>영혼의 분노를 억누르며</u>
> <u>밤 열 시 넘어 정류장에 분뇨를 가지러 가는</u>
> 나는 흙백성土百姓 소작인
> 청년 소몰이 시부야 조스케다!
>
>   (밑줄은 인용자 표기)

이 시에서 '분뇨'와 '비료'는 동의어가 아니라 별개의 것으로 인식되고 있다. 즉, 도시의 비료 상인이 판매하는 판매비료 金肥를 '비료'로, 자신들이 마을로 가져가는 자급자족용 비료인

하비下肥를 '분뇨'로 구분하고 있는 것이다.

하지만 분뇨는 여전히 농업에 이용되고 있었다. 하지만 거기서 도시와 농촌의 뚜렷한 대비가 보인다. 그것은 분뇨와 그것을 운반하는 사람을 조롱하는 도시의 시선과 이에 대한 분노와 자조 섞인 자괴감을 내면에 품고 밭을 경작하는 농촌의 시선이 복잡하게 교차하는 것으로 표현된다.

4.8 '남의 일'로 바뀌다

이 시에는 분명 매일 똥오줌을 누고 농촌에서 생산되는 농작물을 먹고 살아야 할 마을의 남녀가 본래 '나의 일'이어야 할 똥오줌 운반과 그 운반자를 마치 '남의 일'처럼 조롱하는 구도를 엿볼 수 있다. 마을 남녀에게 똥은 '똥糞'이 아니라 더럽고 쓸모없는 '오물屎'에 불과했다. 오해를 무릅쓰고 말하자면 이는 '흙'에서 벗어나 스스로 농작물을 생산하지 않고 오로지 소비하는 사람들이 늘어난 사회의 도래를 배경으로 하는 똥과 인간과 사회의 관계사적 구조적 변화의 한 단면을 보여주는 것이 아닐까.

이 무렵 오물 취급을 직업으로 삼는 사람을 일반적으로 '오물 장수汚穢屋'로, 그것을 실어 나르는 기차를 '오물 열차汚穢列車'로 부르게 되었다. 이 명칭은 근세의 '시모소지인下掃除人'(분뇨 처리인)보다도 경멸적인 뉘앙스를 담고 있는 듯한 인상을 준다. 이 점과 앞의 시에서 농민을 조롱하는 도시인들의 태도에

4.8 '남의 일'로 바뀌다

공통점이 느껴진다. 그것은 '도시의 시선'에서 똥을 '남의 일'로 인식하려는 태도를 엿볼 수 있다.

근대에 이르러 도시 근교 농촌이 하비 기술의 향상에 힘쓰는 한편 도시 분뇨의 상품화가 사라지는, 언뜻 모순되는 두 가지의 방향성은 한 지역 내에서 '하비下肥' 이용과 '분뇨屎尿' 처리의 대립이라는 형태로 표출되기 시작했다. 이러한 사태가 발생한 대전제로서 근대에는 도시로의 급격한 인구 유입, 특히 식량을 자급자족하지 않는 도시 소비자의 대규모 증가가 있었음을 무시할 수 없을 것이다. 하비로서 흙으로 환원할 수 있는 허용치를 훨씬 넘어선 '분뇨屎尿'는 이제는 골칫덩어리에 불과했고 그 시장 가치는 급락했다. 똥이 '상품'에서 '폐기물'로 전환되기 시작한 배경에는 이 시기 급격한 도시화를 추진한 인간 스스로의 행동과 선택, 산업구조와 인구구조의 큰 전환이 있었다는 점을 유의해 두자.

그렇다면 이러한 사회 변화 속에서 똥이 '나의 일'에서 '남의 일'로 전환되는 국면은 구체적으로 어떻게 발생한 것일까? 이에 대해 생각해보자.

제 5 장

도시에서 똥이 '오물'이 되다
산업혁명과 대량 배설의 시대

5.1 대량 배설의 시대

나는 『위장의 근대胃袋の近代』에서 지금으로부터 약 100년 전의 일본을 '대량 소비와 대량 생산이 시작된 시대'라고 설명한 바 있다. 근대는 급속한 인구증가, 도시의 팽창과 공장의 증가를 배경으로 '노동자'가 탄생하고 자급자족의 기반이 없는 위장胃腸이 급격하게 늘어난 결과 그 위장을 채우기 위한 식량의 대량 생산과 대량 유통 시스템이 정비된 시대였다. 하지만 지금 생각해 보면 이 설명은 중요한 국면을 놓치고 있다.

근대는 '대량 배설의 시대'이기도 하다는 국면이다. 대량의 위장이 도시와 공장으로 유입되고 그 집중이 일어났다는 것은

제 5 장 도시에서 똥이 '오물'이 되다

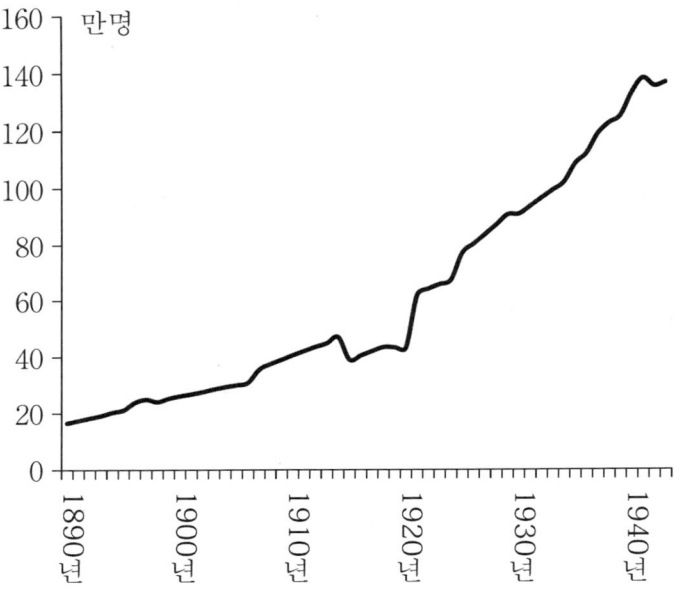

그림 5.1 1890~1940년 사이의 나고야시 인구 추이
출처: 나고야시 오픈 데이터 '시제(市制) 시행 이후의 세대수와 인구 추이'의 일부 발췌

동시에 대량의 분뇨가 도시와 공장 지역에 집적되는 것을 의미했다. 그리고 그 양은 더 이상 농촌에서 땅으로 환원할 수 있는 양을 훨씬 능가했고 도시에서는 그 처리가 큰 사회문제로 대두되기 시작했다. 도시에 체류하며 날로 증가하는 분뇨는 콜레라, 이질 등의 온상으로 문제시되기 시작했다.

5.2 아이치현의 도시화

앞장에서 소개한 20세기 초의 아이치현은 '교통기관의 시설도 매우 발달하여 해마다 가구 수가 증가함과 동시에 식산흥업殖産興業이 증가하여 배 이상으로 발전하는 경향을 보이는' 상황이었으며[1] 특히 공업의 부흥이 두드러졌다. 총생산액은 1912년을 1로 볼 때 1916년 1.5, 1923년 4.0, 1928년 4.7로 증가하였다. 내용을 살펴보면 농업의 비중이 축소되고 공업의 비중이 확대되고 있다. 특히 공업의 비율은 62.2%에서 81.2%로 급격하게 증가하여 아이치현의 산업이 공업으로 무게 중심이 옮겨가는 모습을 볼 수 있다.

이 시기에 인구와 도시 지역은 어떻게 변화했을까? 아이치현 중에서도 인구증가가 가장 두드러졌던 나고야시를 사례로 살펴보자.

그림 5.1에서 나고야시의 인구 추이를 보면 1910년대에서 1930년대 사이에 급속도로 인구가 증가했음을 알 수 있다. 특히 1920년 이후의 증가가 두드러져 10년마다 항상 약 20만 명씩 증가하고 있음을 알 수 있다. 이 인구 증가는 말할 필요도 없이 나고야시의 도시권 확대와 관련이 있다. 1910년에 이미 철도가 깔려 있었지만 1923년에는 도시권을 둘러싼 새로운 철도가 추가로 깔리면서 1935년에 이르러서는 철도 바깥쪽까지

---

[1] 「아이치현 산업개황(발췌)」 1911.3. 愛知県史編さん委員会編『愛知県史 資料編二九 近代六 工業一』愛知県, 2004, 35쪽 수록.

제 5 장 도시에서 똥이 '오물'이 되다

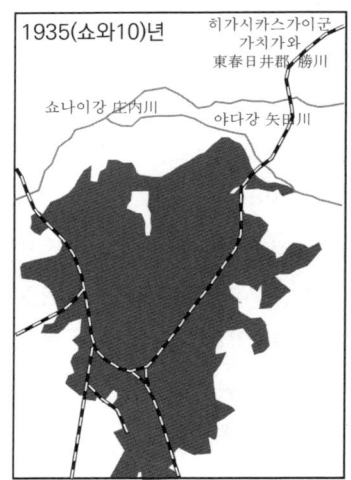

그림 5.2 나고야시를 중심으로 한 도시 지역의 확대
출처: 5만분의 1 지형도 '나고야 북부', '나고야 남부'에서 발췌

도시권이 확대되었다(그림 5.2).

5.3 사회문제로 된 똥—전염병의 유행과 불결의 배제

나고야시가 급속도로 도시로서 발전하면서 도시의 공해·환경 문제가 이 시기에 지역 주민의 관심을 끌게 되었다. 아이치현에서는 1887년 6월 24일에 '위생 조합 준칙'이 마련되었다. 위생조합은 공중위생의 보급과 개선을 목적으로 하는 공공조합의 하나로 1897년경부터 전염병 예방법과도 밀접한 관계를 맺으며 발전했다. 아이치현의 경우 이 규칙에 따라 단속해야 할 대상에 민가·극장·목축장·도축장·어시장과 함께 '빗물 집하수'와 '분뇨처리장'이 포함되었으며 여기에 '화장실'이 표기되었다[2].

이듬해에는 현 당국이 '역병 예방의 건'이라는 공고를 통해 '콜레라虎列拉' 등 전염병에 대해 '소외된 이들은 감각이 극도로 약해진' 만큼 '숙독宿毒의 예방 박멸'에 대한 주의를 환기시켰다[3]. 구체적으로 집과 의복을 '청결하게' 하고 음식물 섭취를 절제하며 과로를 삼갈 것을 당부하고 있다. 콜레라라는 병명은 그 심한 증상을 하루에 천 리를 달린다는 '호랑이虎'의 이미지로 표현했다. 그 이미지는 당시의 '콜레라 그림'에도 표현되어 있다(그림 5.3).

아이치현의 움직임에 앞서 오사카 등에서는 1880년대 이후

---

2) 愛知県史編さん委員会編『아이치현사 자료편(愛知県史　資料編二五　近代二　政治·行政二)』愛知県, 2009, 441~442쪽.
3) 『아이치현사 자료편』442~443쪽.

제 5 장 도시에서 똥이 '오물'이 되다

그림 5.3 유행 역병 퇴치도(流行惡疫退散の図), 1880년
출처: '나이토(内藤) 기념 약품 박물관' 기증자료, 사카이시 가타기리세이류도(片桐棲龍堂) 소장.

5.3 사회문제로 된 똥—전염병의 유행과 불결의 배제

콜레라를 비롯한 전염병 유행에 대응하기 위해 위생 조합이 설치되기 시작했고 이것이 내무성 위생국에도 채택되어 전국으로 확산되었다. 1883년 오사카의 위생 조합은 마을마다 10~30가구를 한 조로 하여 설치되었다.

그러나 예를 들어 도시 안쪽의 연립주택 등에서는 오물이나 쓰레기 처리 등 환경위생에 관한 일은 전적으로 집주인의 책임이었기 때문에 같은 마을 안에서도 개별적으로 의뢰하는 청소부가 난립하여 경찰서 등이 단속을 할 수 없는 상황이었다[4]. 오늘날에는 세금으로 공적 기관이 관여하는 분뇨처리도 당시에는 '분뇨료糞料'로 이익을 얻는 집주인에게 맡기는 관행이 계속되고 있었던 것이다.

또한 시정촌제市制町村制가 실시되면서 징병과 교육이 전국적인 제도로 정비된 것에 비해 위생이나 구호 사업은 국지적인 사항으로 남아있었고 특히 병에 걸리지 않고 건강하게 오래 사는 문제와 직결된 위생 문제는 개인 스스로의 몸 관리에만 맡겨두는 상황이 지속되었다.

이러한 상황을 문제시하고 이를 타개하기 위해 위생에 관한 전담 전문직원을 채용해야 한다고 주장한 사람은 1883년 아이치현 병원의 의사 출신으로 내무성 위생국에 입사한 고토

---

[4] 오자키 고지(尾﨑耕司)「위생조합에 관한 고찰–고베시의 경우를 사례로(衛生組合に関する考察—神戸市の場合を事例として)」『大手前大学人文科学部論集』(六), 2005, 53~84쪽.

제 5 장 도시에서 똥이 '오물'이 되다

신페이[5]다. 고토는 후에 위생국장이 되어 1897년에 '전염병예방법'을 제정했다. 이에 따라 위생 조합은 지주나 집주인이 일방적으로 운영하는 명예 직제가 아닌 독립적인 단체 조직으로 변경되었다[6].

또한 1889년 11월부터 이듬해 1월까지 고베시와 오사카시를 중심으로 페스트가 유행한 것을 계기로 1910년 3월에 일본 최초의 폐기물 관련 법률인 '오물청소법汚物掃除法'이 제정되었다. 이 법에 따라 사유지는 소유자나 사용자가, 공유지는 시가 '오물을 청소하고 깨끗하게 유지할 의무'를 지게 되었으며 시는 또한 '수거한 오물을 처리할 의무'도 지게 되었다. 이후 현재까지 쓰레기 수거 업무는 지방 행정에 맡겨지게 되었다.

페스트 유행으로 일본 최초의 전염병 유행지라는 불명예를 안게 된 고베에서는 오물에 분뇨屎尿를 포함하도록 규정했다. 이에 따라 분뇨는 점차 위생상 단속 대상에 포함되기 시작했다.

다만 농업이 중요한 산업이었던 아이치현 등에서는 이 당시 분뇨는 '오물'에 포함되지 않았다. 분뇨는 비료로 이용되던

---

[5] 고토 신페이(後藤新平, 1857~1929)는 1920년부터 1993년까지 도쿄 시장을 지냈으며 그 후 관동대지진 직후 내무대신 겸 도쿄부흥원 총재로서 지진부흥계획을 수립했다. 고토에 대해서는 고시자와 아키라(越澤明) 『고토 신페이(後藤新平 — 大震災と帝都復興)』ちくま新書, 2011 등을 참고하기 바란다.

[6] 이 시기의 국가 위생행정과 그 의미에 대해서는 오노 요시로(小野芳朗) 『「청결」의 근대 –「위생창가」에서「항균상품」으로(「清潔」の近代 —「衛生唱歌」から「抗菌グッズ」へ)』講談社選書メチエ, 1997에 자세히 나와 있다.

5.3 사회문제로 된 똥—전염병의 유행과 불결의 배제

관례에 따라 제외되었기 때문이다. 나고야에서는 1912년경까지만 해도 분뇨의 취급이 농가와 시내 각 가정과의 직거래로 이루어졌고 농가는 분뇨에 대한 대가로 채소를 제공했다. 1900년 전국적으로 '오물청소법'이 제정되었을 때 나고야시에서는 분뇨는 '오물'에 해당하지 않는다는 견해가 제시되었다는 점에 주목할 필요가 있다(표 5.1).

표 5.1 분뇨처리에 관한 법률과 정책[7]

1900 '오물청소법' 제정. 단, 분뇨는 대상에서 제외
1906 ◆'오물청소법' 시행에 관한 의견서를 내무대신에게 제출
1910 4월 오물청소법 개정. 이에 따라 분뇨는 '토지 상황에 따라 지방 장관이 필요하다고 인정할 때는 시에서 처리한다'라고 규정하다.
　　◆아이치현 지사에게 분뇨의 시영 처리를 건의
1911 ◆시장은 분뇨의 시영 처리가 시민이나 농민에게 미치는 영향에 대해 답변. 시 전체의 분뇨처리를 흥농주식회사興農株式會社에 위탁하여 시 기부금을 12만 엔으로 정하다.
1912 ◆전국 최초로 분뇨처리 시영화 실현
　　◆오물수거 작업원(근교 8개 마을의 농가)의 파업
1913 ◆전체 분뇨의 3분의 1을 아이치현 유안(황산암모늄)비료주식회사 硫安肥料株式會社을 통해 처분하도록 하는 계약을 체결, 시 납부금을 4만 엔으로 정하다.
　　◆유안비료주식회사가 황산암모늄 제조를 시작하다.
1930 오물청소법 개정. 오물청소법 개정. 분뇨도 오물에 포함되는 것으로 규정하다.

---

[7] 출처: 신수(新修) 나고야시사 편집위원회 편 『신수 나고야시사 제6권』 (2000), 나고야시, 133쪽
　나고야시와 관련된 사항에 ◆를 붙임.

5.4 분뇨 수거 거부 운동

그러나 인구의 급격한 증가로 인해 하비로써 이용하는 것 이상의 분뇨가 배출되면서 점차 기존의 관행으로는 더 이상 버티기 어려워졌다. 나고야 주변 지역의 농촌(아이치, 히가시카스가이, 니시카스가이, 가이토)은 '농사의 개량 진보를 도모하여 부강한 열매를 맺는다'라는 목적으로 1893년 12월에 '흥농의회興農義会'를 설립했다[8]. 의회의 구체적인 활동은 수매에 관한 규정을 마련하고 수매 가격의 안정화를 위해 도시 주민과 교섭을 벌이는 것이었다. 같은 해에는 '부정미不淨米[9]'의 가격 인하를 요구하며 분뇨 수거 거부 운동을 벌이기도 했다. 이는 과잉 배출로 인해 분뇨의 가격이 하락하기 시작한 것이 배경이었다. 이처럼 메이지 중기에는 분뇨 수거를 둘러싸고 농촌과 도시의 관계에 변화가 생기기 시작했다.

그러나 이후 인구증가와 그 배설물의 증가로 인해 농촌에 환원하는 것만으로는 분뇨를 처리할 수 없게 되었고 나고야시는 그 방법을 모색해야 했다. 1910년 '오물청소법'이 개정되어 분뇨의 처리가 지방 장관에게 맡겨지자 나고야시는 분뇨처리의 직접 운영을 꾀하여 1912년 전국에서 가장 먼저 이를 실현했다.

---

[8] 흥농의회에 대한 자세한 내용은 기무라 신페이(木村慎平)「근대도시의 오수문제와 행정·지역(近代都市における屎尿問題と行政·地域—名古屋市を事例として)」『年報近代現代史研究』(三), 2011, 19~40쪽 참조.

[9] 농가가 분뇨 수거 비용으로 지불하는 쌀. 그동안은 1인당 연간 1두2승(一斗二升. 약 21.6ℓ)을 납부했는데 이를 8승(약 14.4ℓ)으로 낮추자는 주장이 흥농주식회사에서 제기되었다.

행정이 적극적으로 분뇨처리에 관여하기 시작한 것이다.

나고야시가 우선 분뇨처리를 의뢰한 곳은 분뇨에서 황산암모늄硫安을 정제하여 인공비료를 생산하기 위해 설립된 '흥농주식회사興農株式會社[10])'였다. 당시 농민들은 기꺼이 분뇨 처리 작업에 응해 연간 1인당 60엔 내외의 수거료를 회사에 지불했고 회사는 나고야시에 연간 12만 엔의 기부금을 납부했다[11]). 그러나 초기에는 시에서 수거 시간을 아침 8시까지로 규정한 것에 대한 반발로 일시적인 파업이 일어나는 등 불안한 상황이 계속되었다. 그리고 인구가 더 늘어나자 나고야시는 1919년 4월에 아이치현 유안비료주식회사와 계약을 맺어 시 전체 분뇨의 3분의 1을 이 회사에서 비료로 가공하고 회사는 연간 4만 엔을 지불하게 되었다.

5.5 위생 문제의 탄생과 분뇨를 '처리'한다는 발상

거듭 말하지만, 도시가 확장되고 인구가 늘어나면 그에 비례해 분뇨도 증가한다. 나고야시에서는 일찍감치 늘어나는 분뇨처리에 대한 논의가 시작되었다. 1911년 나고야 시장은 분뇨처리 시영화의 이유를 첫째 분뇨로 인한 폐해, 둘째 도시위생의 목적

---

10) 흥농의회는 1910년에 흥농주식회사로 개칭했다. 愛知県東春日井郡農会編『東春日井郡農会史』愛知県東春日井郡農会, 1929, 1346쪽. p101 각주 참고.
11) 이시이 라이조(石井賚三)『전등·전력·전철과 분뇨처리의 공공운영에 관한 신연구(電灯電力電鉄及屎尿公営に関する新研究)』洛陽社, 1921, 381쪽.

제 5 장 도시에서 똥이 '오물'이 되다

달성, 셋째 시민의 분뇨처리권이 시에 있다는 점을 들었다[12].

분뇨로 인한 폐해는 구체적으로 다음 여섯 가지를 꼽고 있다.

① 농번기(장마철부터 가을까지)에는 수거가 지연되어 특히 우천시에 식수 및 저택 내외부를 불결하게 한다.
② 농부들은 비료용만 수거하기 때문에 항아리 바닥의 토석 등은 그대로 남아있고 분뇨통 주위는 청소하지 않아 불결하다.
③ 농부들이 사용하는 분뇨 수거 용기가 조잡하여 냄새가 나고 교통의 왕래가 잦은 곳을 운반하기 때문에 위생상 위해를 끼친다. 또한 풍속상으로도 매우 불편하다.
④ 분뇨 용기에 채소를 담아 운반하는 폐해가 있다.
⑤ 분뇨에 전염병 독소가 잠복할 우려가 있다.
⑥ 우리 지역은 상대적으로 장내 기생충병 환자가 많은데 이는 분뇨를 직접 비료로 사용한 채소를 통해 전파된다.

이는 모두 도시민 입장에서의 지적으로 농민과 농업에 대한 비판적인 문구가 나열돼 있다. 앞장에서 소개한 시부야 조스케의 시 '소리 없는 분노'에 등장하는 도시민들의 조소나 혐오와도 유사한 뉘앙스다. 그러나 곰곰이 생각해 보면 이러한 문제는 농민들의 게으름이나 부주의에서 비롯된 것이라기보다는 농촌의 수요에 비해 너무 많이 늘어난 도시민의 분뇨 총량과의 불균형에서 비롯된 문제와 다름없었다.

---

[12] 「근대도시의 오수문제와 행정·지역」 p120 각주 참고.

5.6 도시민의 주장

1915년 발간된 『나고야의 분뇨시영 名古屋の屎尿市営13)』의 저자 히메다 하야타는 시영화의 이유를 다음과 같이 자세히 설명한다(밑줄은 인용자가 표기).

① 농민과 시민과의 수의계약을 맺었던 당시, <u>적절한 시기에 수거해주지 않는다.</u> 모내기나 벼 수확시기에는 더욱 그렇다.
② 농민들은 운반이 편리한 <u>농촌과 가까운 교외 지역을 먼저 수거하는 경향이 있어</u> 처리의 불균형이 발생한다.
③ 농민들은 비료 성분이 풍부한 <u>상류사회의 분뇨 수거를 선호한다.</u>
④ 기존에는 시민들이 농민들로부터 농산물 등의 브수를 받았는데 한 사람당 연평균 찹쌀 6되(1엔 20전)를 받았다. 분뇨가 많이 정체되면 반대로 <u>시민들이 약간의 수수료를 지불하는 경우가 있다.</u>
⑤ 농민들의 공동 수거 중단, 풍수해, 벌레 피해로 인한 요금 인하 요구로 시민들과 대립하고 있다.
⑥ <u>시내에 질병이 유행할 때는 수거를 거부한다.</u>
⑦ 분뇨처리 시영화를 통해 공중위생의 소임을 수행한다. 취급자의 복장도 일정하게 할 수 있다.
⑧ 오물을 청소하고 쓰레기를 이용해 시의 재원으로 삼는다.
⑨ 나고야시에 총예산 800여만 엔의 거액을 투입하여 하수구 설치와 함께 분뇨시영화의 예산 확보가 가능하다.
⑩ 나고야시 인구 30만 명, 한 사람당 6합合(홉)의 분뇨를 배설하면 1년에 2석石(섬)의 오줌을 얻을 수 있다. 1인당 50전으로 계산하면 1년간 시민의 분뇨는 15엔에 달한다. 따라서 농딘이 아닌 나고야시에 처리를 맡기면 된다.

이처럼 메이지 말엽부터 도시의 오물 문지가 심각해지면서

---

13) [역주] 히메다 하야타(姫田隼多)『나고야의 분뇨시영(名古屋の屎尿市営)』나카교도쇼텐, 1915.

제 5 장 도시에서 똥이 '오물'이 되다

기존의 방식과 관습으로는 더 이상 버틸 수 없게 되었다. 또한 '위생상', '공중위생'이라는 단어로 기존의 관습을 '바보같은 악습惡癖'으로 취급하기도 했다.

그리고 분뇨를 처리한 후 비료로 활용할 수 있다면 시의 재원을 창출할 수 있다는 판단에 따라 나고야시에서는 분뇨처리의 시영화를 추진하게 되었다.

5.7 시 재원으로서의 분뇨처리

도쿄, 오사카, 나고야 등 대도시에서는 1900년대부터 상하수도 사업의 재원을 확보하기 위해 하수처리를 시영화할 필요성이 대두되었다. 특히 나고야시에서는 공중위생상의 필요성보다는 우선 재정적 필요 때문에 시영화를 추진한 것으로 알려져 있다[14].

1910년대에 접어들면서 나고야시는 향후의 분뇨 과잉 공급을 우려해 1914년 9월에 분뇨화공장 건설을 인가받아 1만 7583엔 78전의 비용으로 바다를 메워 호안을 축조하는 한편 건설 공사를 시작했다. 부지는 미나미구 이나에이신덴稲永新田 서편 제방 끝자락의 0.66정(약 2000평)이었다.

이 공장은 '가모우라 공장鴨浦工場'으로 이름 붙여졌다. 우선 1917년 5월부터 일본인조비료주식회사[15]에 연간 임대료 5000

---

14) 『나고야의 분뇨시영』 11~15쪽. p123 각주 참고.
15) [역주] 당시 본사는 도쿄부 미나미카쓰카시카군 고쓰마마치(東京府南

엔의 계약으로 5년 동안 대여했다. 이 회사는 1918년 4월 1일부터 흥농주식회사의 분뇨 수거 구역에서 하루 20석[16] 분량의 분뇨를 퍼내고 아이치현 비료구매합자회사로부터 소변만 하루 100석 분량을 공급받아 황산암모늄을 제조하게 되었다.

그러나 사업이 난항을 겪으며 막대한 손실을 보자 이듬해인 1919년 7월 31일에 계약을 해지하는 동시에 황산암모늄 제조를 중단했다. 그 주요 원인은 황산암모늄 공장에서 발생하는 악취에 대한 불만과 기술 혁신으로 인한 황산암모늄 가격 하락이었다[17]. 이 회사는 이후 일본사밀日本舎密 오사카화학비료주식회사와 합병해 일본화학비료주식회사로 사명을 변경했다[18].

5.8 분뇨처리를 시영으로 전환한다는 것

나고야시 위생과의 조사에 따르면 1921년 7월 당시 나고야시 전체 하루 배설량은 2500석(약 70만ℓ), 처리할 수 없는 초과

葛飾郡吾嬬町)

16) [역주] 약 3600ℓ.
17) 호시노 다카노리(星野高徳)「전쟁 전 나고야시 오수처리시설의 변천(戦前期名古屋市における屎尿処理施設の変遷)」近現代資料刊行会 企画編集編『近代都市の衛生環境 名古屋編別冊 近代都市環境研究資料叢書』近現代資料刊行会, 2015, 68쪽; 하시모토 주로(橋本寿朗)「1920년대의 황산암모늄 공장(1920年代の硫安工場)」『社会経済史学』四三(四), 1977, 45쪽에 따르면 구체적으로 여기서 말하는 기술혁신은 하버-보쉬법에 의한 합성 황산암모늄 제조이다. 이로 인해 유럽과 미국의 값싼 황산암모늄이 일본에도 유입되어 일본 내 황산암모늄 산업에 큰 영향을 끼쳤다.
18)『전등·전력·전철과 분뇨처리의 공공운영에 관한 신연구』, 383~384쪽. p121 각주 참고.

제5장 도시에서 똥이 '오물'이 되다

분뇨는 약 550석(약 15만ℓ)에 달했다[19].

또한 도시화로 인해 농경지였던 땅이 택지나 공장용지로 전환되면서 농촌은 도시의 외곽에 위치하게 되었다. 도시가 확장될수록 교통비가 많이 들기 때문에 오물이 도시 내부에 체류하게 되었고 그 처리가 큰 사회문제로 대두되었다. 그런데도 공장에서의 분뇨처리는 수익을 창출하지 못해 좌절되고 있었다.

이에 나고야시는 다시 일본화학비료주식회사에 분뇨처리를 명령했지만 결국 1921년 3월에 계약이 해지되고 말았다. 나고야시는 다시 흥농주식회사와 아이치현 비료구매합자회사에 '하루 20석 이상 가공할 것', '가공으로 발생하는 이익의 2분의 1을 시에 납부할 것', '만약 손실을 보았을 경우 그 2분의 1을 시가 보충할 것'을 조건으로 가모우라 공장을 무상으로 빌려주기로 했다.

하지만 4개월 뒤인 7월 나고야시는 두 회사와의 계약을 해지하고 과잉 분뇨 직영안을 가결했다. 두 회사도 역시 가공 작업 과정에서 부채를 떠안게 되었기 때문이다. 분뇨 수급관계가 갈수록 원활하지 못해 과잉 분뇨는 이미 60만 석에 달했다.

근대 일본의 분뇨처리 문제를 도시와 농촌의 관계에서 논한 호시노 다카노리星野高德에 따르면 농촌의 위생 의식이 높아진

---

19) 『전등·전력·전철과 분뇨처리의 공공운영에 관한 신연구』, 392~393쪽.
    1석을 278ℓ로 환산. p121 각주 참고.

5.8 분뇨처리를 시영으로 전환한다는 것

것은 1918년 내무성이 실시한 '농촌 보건위생 조사'의 영향이 컸다고 한다[20]. 조사에서는 기생충병, 장티푸스, 이질이 농촌에서 유행하고 있다는 점이 강조되었다. 이들은 분뇨를 매개로 전염되는 것으로 주의를 환기시켰다. 예를 들어 아이치현이 편찬한 '이질병 유행 기사 다이쇼 3년(1914년)'에는 '발생의 주원인 및 질병의 원인으로 볼 수 있는 것'으로 '보균자의 배설물'이 명시되어 있다[21].

이러한 정책을 반영하여 『공중위생』이라는 잡지 기사에는 다음과 같이 적혀 있다.

> 유럽대전 후의 호황기 이후 노동력이 폭등함에 따라 판매비료金肥로 인분 비료를 대체하는 것이 매우 유리하고 깨끗하다는 것이 농촌 주민들에게 널리 알려지게 되자 인분 취급자가 점차 줄어들었고 대가를 내고서라도 인분을 처리해주기를 원하는 이들이 끊이지 않았다[22].

이 시기에 하비의 이용이 사라졌다고 보기는 어렵지만 여기서는 판매비료가 더 '깨끗하다'라는 담론이 포함돼 있다는

---

20) 호시노 다카노리(星野高徳)「20세기 전반기 도쿄에서의 오수처리 유료화(二〇世紀前半期東京におけるし尿処理の有料化 — 屎尿処理業者の収益環境の変化を中心に)」『三田商学会研究』五一三, 2008, 29~51쪽.
21) 愛知県編『이질병 유행 기사 다이쇼3년(赤痢病流行記事 大正3年)』愛知県, 1917, 2쪽.
22) 저자불명(作者不明)「도시와 분뇨의 처분(都市と屎尿の処分)」『公衆衛生』四七(六), 1929, 339쪽.

점에 주목해야 한다. 즉, '공중위생'의 측면에서 보면 하비는 '불결'한 것으로 인식되고 있었다.

도시화와 전염병의 유행이 맞물린 시대적 상황 속에서 똥은 드디어 '오물'로서 사람들에게 널리 인식되기 시작했다. 1920년대 후반 이후 오사카시 위생연구소는 분뇨를 뿌린 채소를 '오염 채소'라 칭하고 인분뇨를 비료로 사용하지 말 것과 오염된 물로 씻지 않음으로써 전염병을 해결할 수 있다는 견해를 발표했다[23].

5.9 분뇨통의 반란

제6회 아쿠타가와상을 수상한 히노 아시헤이火野葦平의 『분뇨담糞尿譚』은 근대화 속에서 흔들리는 농민과 분뇨와 사회의 관계를 미묘한 심리묘사를 담아 쓴 단편소설이다. 부농 고모리小森家의 몰락 속에서 당주인 히코타로彦太郎는 돈벌이로 주목한 '분뇨 수거업'을 시작한다. 그 모습을 다음과 같이 묘사하고 있다.

> 기존에는 농민들이 마차를 끌고 시내로 나가서 분뇨를 수거해 왔지만, 자신들에게 비료가 필요하지 않을 때는 중단했다. 시내에 있는 몇몇 상인들도 모두 마차나 소달구지를 끌고 다니기 때문에 효율성이 떨어진다. 그는 분뇨통과 더불어 통 20개를 실을 수 있는 트럭을 한 대

---

[23] 야마구치 시즈오(山口静夫)「생채소의 위험과 안전처리(生野菜の危険と安全処理)」『国民衛生』四(八), 1927, 59쪽.

사들였다. 수거비와 비료로 농촌에 판매하는 수익을 합치면 근대적 방법에 따라 시민 절반 이상은 상대할 수 있을 것이 틀림없고 필요한 제반 경비를 빼고 나면 상당한 잉여금이 있을 것이 확실하다. 그는 주변의 비웃음 속에 의기양양하게 개업했다[24].

그러나 10년을 노력해도 여러 가지 사정으로 사업은 호전되지 않았다. 그런 와중에 히코타로는 시 지정 사업자 '위생사'로 인가받아 시로부터의 도급료를 수입으로 삼게 되었다. 하지만 결국 분뇨 수거업이 '시영'으로 바뀌면서 히코타로는 궁지에 몰리게 된다.

분출할 곳 없는 분노를 '분뇨통'으로 표현한 클라이맥스는 소설이라는 허구이면서도 근대라는 시대의 틈바구니에서 흔들리는 분뇨 수거업을 둘러싼 농민, 수거운반업자, 정치인, 이를 둘러싸고 조롱을 일삼는 이들의 복잡한 관계와 심정을 선명하게 드러내고 있다. 거기에는 역사 사료만으로는 알 수 없는 생생한 현실감이 느껴진다. 또한 한자 표기를 '시뇨담屎尿譚'이 아닌 '분뇨담糞尿譚'으로 한 것에도 농민의 시각에서 바라본 근대의 사회 변화를 그리려는 작가의 의도가 담겨 있는 듯하다.

이 소설의 무대는 히노의 고향인 후쿠오카현 기타큐슈시 와카마쓰若松이지만 분뇨 수거업의 문제는 전국 각지에서 비슷하게 발생하고 있었다. 그래서 이 시기 일본에는 많은 '히코타로'가 있었고 『분뇨담』의 결말은 시대를 상징하는 것으로 읽히지

---

24) 火野葦平 『糞尿譚』 小山書店, 1938.

않았을까.

5.10 순환 경제의 구조 전환

이렇게 동시대적으로 진행되어 대립해 온 '하비' 이용과 '분뇨' 처리의 전개는 순환 경제로 구조가 전환되는 첫 신호탄이기도 했다.

나고야시의 분뇨처리 시영화는 1921년에 좌절되었다. 이에 따라 나고야시는 분뇨를 가공해 황산암모늄을 생산하고 이를 통해 얻은 이익을 도시 기반 정비의 재원으로 삼겠다는 애초 계획을 재검토하지 않을 수 없게 되었다. 그래서 나고야시는 1921년에는 일부를 시 직영으로 처리하고 이듬해인 1922년에는 일부를 인근 농촌과 무상 수거계약을 체결하여 처리하는 한편 나머지는 시의 직영 인부들이 수거하도록 했다[25]. 요컨대, 하수도나 수세식 화장실의 보급은 빠르게 진행되지 않고 오히려 농촌 환원 처리를 개선하고 증가시킴으로써 도시위생 문제 완화와 근교 농업의 발전을 도모한 것이다.

나고야 근교에 있는 히가시카스가이군 농민회는 앞서 언급한 흥농회사로서[26] 나고야시와 분뇨 이용 및 처리를 둘러싸고 관계를 맺어왔다. 『히가시카스가이군 농민회사』에는 그동안

---

25) 미야데 히데오(宮出秀雄)『도시 근교 농업론(都市近郊農業論)』実業之日本社, 1950, 234쪽.
26) 이 회사는 '시대의 흐름에 따라' 1923년 4월에 해산했다. 『히가시카스가이군 농민회사』1346쪽.

의 경위가 다음과 같이 정리되어 있다.

> 근래 나고야시의 팽창 발전에 따라 해마다 인구는 증가하여 시민이 배설하는 분뇨처리는 시에서 매우 곤란한 문제가 되었다. 시 당국은 이 문제에 대해 고민하는 한편 대책을 고려하고 연구해 왔으나 1919년 이후 분뇨 수거 처리가 원활하게 이루어지지 않자 같은 해 10월과 11월, 시에서는 특수회사와 분뇨 수거계약을 맺고 막대한 경비를 들여 시내 일부에 직접 인부를 투입하여 수거를 시행하였다. 그러나 일부는 인근 농촌과 계약하여 무상으로 분뇨처리를 시행하거나 농민의 자가 처리를 장려하여 분뇨를 농가의 비료로 제공하였다. 1921년 이후 인접 군·마을 농민회를 통해 자가 처리 희망자를 모집하였고 1922년에 이르러서는 특수회사와의 계약을 해지하였다. 그 결과 1922년 2월 2일 본부 농민회 사무실에서 각 마을 농민회 전임 간사 및 마을 농민 대표자 1명씩을 소집하여 나고야시 분뇨 무상 수거에 관한 협의회를 관련 공무원 참석하에 개최하는 등...[27]

이즈음에 이르러 분뇨 수거는 '무상'이 되었고 수거계약은 나고야시청 위생과로 계약 상대는 나고야 시장으로 농민회에서 일괄적으로 신청하게 되었다. 계약 방법은 '(가) 분뇨 수거계약은 군 농민회, 마을 농민회 또는 기타 단체에 한하여 체결한다', '(나) 수거계약구역은 현재 나고야시와 계약 중인 흥농주식회사, 아이치비료구매합자회사, 나고야비료회사의 구역도 포함한다. 따라서 이들 회사 관할 구역을 나고야시와 직접

---

[27] 「인분뇨수거계약」 997쪽. p101 각주 참고.

제5장 도시에서 똥이 '오물'이 되다

계약할 경우 회사와 시와의 계약은 동시에 해지되는 것으로 본다', '(다) 희망 수량은 군 농민회를 거쳐 제출해야 한다[28]'라고 규정했다.

당시 히가시카스가이군 농민회는 군내 판매비료金肥 구매량 증가로 인한 농가 경영난을 우려하고 있었다. 따라서 분뇨의 무상 수거가 가능해져 자급자족형 비료인 '퇴비'를 얻을 수 있게 된 이 계약은 농민회에도 중요한 의미를 갖는다.

5.11 하비 이용과 분뇨처리의 공존

그러나 농촌의 무상 수거 비율은 점차 줄어들었고 분뇨처리에 필요한 시 예산도 점차 증가했다. 이를 절감하기 위해 1928년 이후에는 직영 수거 제도를 다시 도급제도로 바꾸고 수거한 분뇨는 모두 시에서 처리하게 되었다. 당시 나고야시의 인구는 86만 6000명이었다[29].

이렇듯 분뇨처리 제도의 개정이 거듭되었지만 근본적인 해결에는 이르지 못했다. 그래서 행정의 관여 강화가 필요하게 되었고 1930년 오물청소법 개정으로 아이치현에서는 그동안 오물에서 제외되었던 분뇨도 마침내 '오물'에 포함되게 되었다. 이는 나고야시뿐만 아니라 일본의 각 도시에서도 마찬가지로 발생하던 문제였다.

---

28)「인분뇨수거계약」297쪽. p101 각주 참고.
29)『도시 근교 농업론』234쪽. p130 각주 참고.

5.11 하비 이용과 분뇨처리의 공존

이에 따라 하수처리를 통한 과학적인 방법이 검토되면서 1930년에는 호리도메堀留·아쓰타熱田에 처리장이 설치되었고 1933년에는 쓰유하시露橋에 1935년에는 아쓰타 하수처리장이 완성되었다. 이후 분뇨처리는 점차 하수도 행정에 편입되어 갔다.

그럼에도 불구하고 일부는 계속 하비로서 농촌에 환원되었다. 이 시점에서 나고야시의 인분뇨는 농민회 등 단체와 계약에 의해 수거된 것이 직접 농지에 환원되는 것, 시 직영으로 수거한 것이 저장소를 통해 농가에 무상으로 배포되는 것, 그리고 하수처리법에 준하여 분뇨운반선으로 아이치현·미에현 관할의 연안 농촌까지 공급되는 등의 세 가지 경로를 가지게 되었다. 도시에서 발생하는 위생 문제, 환경 문제가 대두되었지만 이를 충분히 해결할 수 있는 규모와 기술 수준의 분뇨처리시설은 이 시점에서는 아직 없었고 이를 보완한 것은 근세 이래의 조직적인 하비 이용과 그 기술이었다고 할 수 있다.

그리고 1930년대는 쇼와 공황을 거치면서 국가의 쇼와 농업공황 정책으로 전개된 경제 갱생 운동 속에서 자급자족 비료가 더욱 장려되었고 '인분뇨는 자급비료 중 매우 중요한 것[30]'으로 여겨졌다. 1934년 아이치현의 비료 소비량은 판매비료 1317만 엔으로 전국 1위였다. 이에 비해 자급비료는 1235만 엔이었다. 비율로 보면 판매비료가 52%, 자급비료가 48%였고

---

30) 愛知県立農事試験場編『자급비료의 지식(自給肥料の知識)』愛知県立農事試験場, 1938, 50~51쪽.

제5장 도시에서 똥이 '오물'이 되다

이를 각각 35%와 65%로 만드는 것이 목표로 설정되었다. 1930년대 후반에 이르러 오사카시에서도 하수처리장 가동 개시보다 농촌 환원 처리 개선에 중점을 두게 되었다[31].

제2차 세계대전 이후 비료 부족과 비료 가격 폭등으로 인분은 다시금 가치를 지닌 것으로 평가되었고 대부분이 근교 농촌에 배분되어 비료의 역할을 계속 수행했다. 하비 이용과 분뇨처리가 공존하는 이 구조가 근본적으로 사라지기까지는 제2차 세계대전 이후 고도 경제 성장기를 기다려야만 했다.

---

31) 호시노 다카노리(星野高徳)「전쟁 전 오사카시의 오수처리 시영화(戦前期大阪市における屎尿処理市営化)—下水処理構想の挫折と農村還元処分の拡大」『経営史学』四八(四), 2014, 29~53쪽.

제6장

사라지는 똥의 가치

지역의 청소 행정과 전후 하수도 이야기

6.1 반전 만화로 똥을 그리다

이 장에서는 근대에서 현대로 시대를 진행시켜 전중·전후를 거쳐 고도 경제 성장기로 향해가는 사회의 변화와 똥의 가치에 대해 생각해보고자 한다.

　1974년 데즈카 오사무가 그린 전쟁 만화 「증이 요새紙の砦1)」에는 전쟁 중 군수공장의 변소가 묘사되어 있다. 만화가의 꿈을 가진 주인공은 많은 이들이 자신의 만화를 읽어주길 바라며 배변을 위해 쪼그리고 앉았을 때의 눈높이에 해당하는 벽면에 작품을 붙인다. 그러자 변소에 들어가는 모든 사람이 자신의

---

1) 手塚治虫「紙の砦」『少年キング』少年画報社, 1974.9.30일자 게재

제6장 사라지는 똥의 가치

만화를 읽기는 하지만 당시에는 물건이 부족하던 시절이라 변소용 종이를 가져와야 했기 때문에 이따금 자신의 작품을 엉덩이를 닦는 용도로 사용하게 되어 분개한다는 유머러스한 내용이다.

또한 미즈키 시게루가 자신의 전쟁 체험을 그린 『미즈키 시게루의 라바울 전기』에는 병사들의 똥을 비료로 밭에 뿌리려는 장면이 다음과 같이 기록되어 있다.

> 말라리아가 나으면서 아침 작업에 나가게 되었다. 하나뿐인 팔로 상사와 함께 변소에서 인분을 퍼서 산 위에 있는 밭에 가져다 뿌리는 일을 맡게 되었다.
>
> 전쟁터에 편리한 도구가 있을 리 없다. 널빤지를 이용해 통에 인분을 퍼 담는데 "끄억, 끄억" 하고 기합을 넣으며 작업했다. 기합을 넣어야 할 만큼 인분이 단단하고 차졌기 때문이다. 느릿느릿 하다가는 아예 손쓸 수 없게 되므로 "끄억" 하고 널빤지를 넣고, "끄억" 하고 널빤지를 꺼내, "끄억" 하고 통에 퍼 담는 것이다.
>
> 바짝 마른 밭에 인분을 뿌릴 때도 마찬가지이다. 퍼서 뿌리는 동시에 들어야 한다. 슬슬해서는 인분이 널빤지에 들러붙어 떨어지지 않는다.[2]

도시에서 일하는 샐러리맨이 전근으로 섬 전체가 똥으로 뒤덮여 똥이 유일한 자원이자 신으로 숭배받는 섬에 가서 그곳에

---

[2] 水木しげる『水木しげるのラバウル戦記』筑摩書房, 1994, 1997년판 164쪽. / 한국어판 김효진 역, 『미즈키 시게루의 라바울 전기』, AK, 2022.

'변소라는 문명'을 도입하려고 한다는 이야기를 그린 '분신도糞 神島[3])'는 미즈키가 태평양 전쟁 당시 격전지 라바울에서의 생활에서 영감을 얻었다고 전해지는 풍자만화이다[4]. 라바울에서 원주민 아기가 아무데나 똥을 싸고 그것을 돼지가 먹는 장면을 목격한 미즈키가 그 대범한 생활에 공감하여 그린 작품이라고 한다[5].

라바울의 생활 속 아기와 똥에 대한 미즈키 자신의 설명을 인용해 보자.

> 토인 마을의 흙에는 풀이 나지 않았다. 발로 잘 다져서인지 부드러운 아스팔트처럼 되어 있어 아침부터 벌거벗은 어린아이들이 흙 위를 기어 다녔다. 그런데 어찌 된 일인지 흙이 거의 묻지 않았다. 흙바닥을 기어 다니던 아기가 손에 묻은 흙을 빨아 먹어도 부모들은 신경 쓰지 않았다.
>
> 내가 가장 걱정했던 것은 페케페케(똥)였다. 돼지며 닭이며 아기가 아무데서나 자유롭게 페케페케를 하는 것이었다.
>
> 어느 날, 아기가 페케페케를 하고 있었다. 저러다 아기가 자기 페케페케를 먹을까 봐 걱정이 돼서 보고 있는데, 어디선가 나타난 돼지가 페케페케를 깨끗이 먹어치운

---

3) 水木しげる『糞神島他　水木しげる漫画大全集』講談社, 2015. 첫 게재는『만화 액션(漫画アクション)』双葉社, 1971년 4월 15일호.
4) 라바울에서의 생활에 대해서는『미즈키 시게루의 라바울 전기』에 자세히 나와 있다.
5) 나카자와 와타루(中沢弥)「괴기관에 오신 것을 환영합니다(怪奇館へようこそ)」志村有弘編『水木しげるの魅力』勉誠出版, 2002, 127쪽.

> 후 아기의 엉덩이까지 핥는 것이었다. 어떤 때는 개와 돼지가 페케페케를 두고 다투기도 했다.
>
> 이 건강한 아기는 한시도 가만히 있질 않아 스케치하기가 쉽지 않았다. 무척 건강하고 귀여운 아기였다.[6]

이 문장에서 토인土人이라는 단어를 사용한 것은 '흙에서 살아가는 사람들'에 대한 존경의 뜻을 표하기 위한 것으로 미즈키 자신이 경멸의 뜻은 전혀 없다고 설명한 것이 중요하다. '흙에서 사는 그들'과 똥과의 넉넉한 관계와 고도 경제성장으로 흙이 아스팔트로 뒤덮인 전후 일본의 도시 생활과의 대비가 「분신도」의 모티브가 되고 있다.

살아 있다는 증거로 우리는 똥을 싸고 전쟁 중이든 아무리 굶주린 상태에서든 그것은 멈추지 않는다. 그러나 그 기록은 적극적으로 남겨진 적이 거의 없었다[7]. 그런 가운데 앞서 언급한 두 만화가는 전쟁 만화 속에 화장실과 똥을 의식적으로 그려 넣었다. 둘 다 '살아간다는 것'을 누구나가 경험하는 행위에서 재조명하고 그려내어 강력한 반전의 메시지를 독자들에게 전달해 온 만화가이다.

---

6) 『미즈키 시게루의 라바울 전기』 일본어판 184쪽.
7) 그런 가운데 후지타 마사오(藤田昌雄)『육군과 화장실(陸軍と厠—知られざる軍隊の衛生史)』潮書房光人新社, 2018는 귀중한 성과이다.

6.2 오키나와 여학생의 이야기

전쟁 중 똥의 기록이 극히 적은 가운데 오키나와 여학생들의 이야기를 작가 소노 아야코가 엮은 기록이 있다. 다음에 나타나는 그녀들의 이야기도 역시 '살아간다는 것'을 정면으로 마주하고 있는 듯하다.

> 제2 외과에 배치된 미야기 기쿠코는 중증 환자가 있는 20호 대피소에 있었지만, 어두워진 대피소 안의 좁은 통로를 아무리 몰래 걸어도 '변기 주세요', '변기!', '물 주세요!'라는 목소리가 들려오는 것이 힘들었다. 변기는 대변용과 소변용이 있는데 소변용이 가장 많이 사용되기 때문에 빈 통조림 캔을 사용했다. 남성의 나체조차 제대로 본 적도 없는 여자아이들이었다. 하지만 '오줌 누고 싶어요'라고 양손이 없는 병사가 부탁한다면 처음으로 남성의 몸에 손을 대야 한다. 그것은 처음에는 슬픔이었지만 감사의 말을 들으면 기쁨과 자신감으로 바뀌고 더 바빠지면 전혀 아무것도 느끼지 못할 정도로 기계적으로 변했다. 다만 미야기 기쿠코는 항상 빈 깡통을 손에 들고 소변을 받는 동안 인간의 소변이라는 것은 왜 이리 뜨거운 거야 하고 놀라는 것이었다.
>
> 받은 오줌은 입구 근처에 놓아둔 채소절임통에 붓는다. 오줌이 가득 차면 여자의 힘으로는 감당할 수 없을 정도로 무거워진다. 빨리 버리려 해도 경계나 공격용 비행기가 계속 날아다니니 결국 넘치기 직전까지 가득 차 버렸다. 그러면 입구 근처에 있는 아무 일도 하지 않는 군의관은 짐짓 불쾌한 듯 '뭐야! 이런 냄새나는 건 얼른 버리고 와!'하며 으르렁거렸다.

제6장 사라지는 똥의 가치

제24사단 제2야전병원에 소속된 엔도 유키조 군의관 중위는 당시 오기小城의 분원 대피소에 있었는데, 환자용 양철로 만든 변기 바닥에 미군 홍보 전단지를 깔아놓게 했다. 이것은 나중에 처리할 때 정말 편리했다. 그는 산부인과 의사였지만 미국과 전쟁을 하면서 미국 문화의 혜택을 받는 아이러니를 느꼈다. 이런 훌륭한 서양종이는 당시 일본에서는 찾아볼 수 없었기 때문이다. …

오기의 대피소를 나와 참호 속을 몸을 부르르 떨며 달려가면 그 끝에 변소가 있었다. 구멍을 파고 판자를 깔아놓은 것뿐인데 바닥에는 똥이 산더미처럼 쌓여있다. 엔도는 어느 날 그 바닥에서 희미하게 붉게 물든 것을 본 적이 있다. 다시 한번 생각해 본 적도 없었지만, 부인과婦人科 입장에서 보면 이 영양실조와 비정상적인 긴장 상태 속에서 엔도는 그녀들의 건강한 젊음을 생각했다. 그런 풍요로움을 저주해야만 하는 이 나날에 슬픔을 느꼈다[8].

6.3 전후 오키나와 수용소의 공동화장실과 드럼통

전쟁이 끝나자 똥을 둘러싼 규칙이 정해지면서 똥의 사회적 위치는 극적으로 변화하게 된다. 먼저 오키나와를 무대로 전후의 변화를 따라가 보자. 패전 직후 오키나와에서 미군은 지넨, 코자, 마에하라, 다이라, 한나, 기노자 등 12곳에 민간인

---

[8] 소노 아야코(曽野綾子)『오키나와 여학생의 기록(沖縄女生徒の記録 — 生贄の島)』角川文庫, 1972, 130~133쪽. Svetlana Alexievich, *The Unwomanly Face of War* / 한국어판 박은정 역『전쟁은 여자의 얼굴을 하지 않았다』, 문학동네, 2015에도 이러한 기록이 포함되어 있다.

● 6.3 전후 오키나와 수용소의 공동화장실과 드럼통

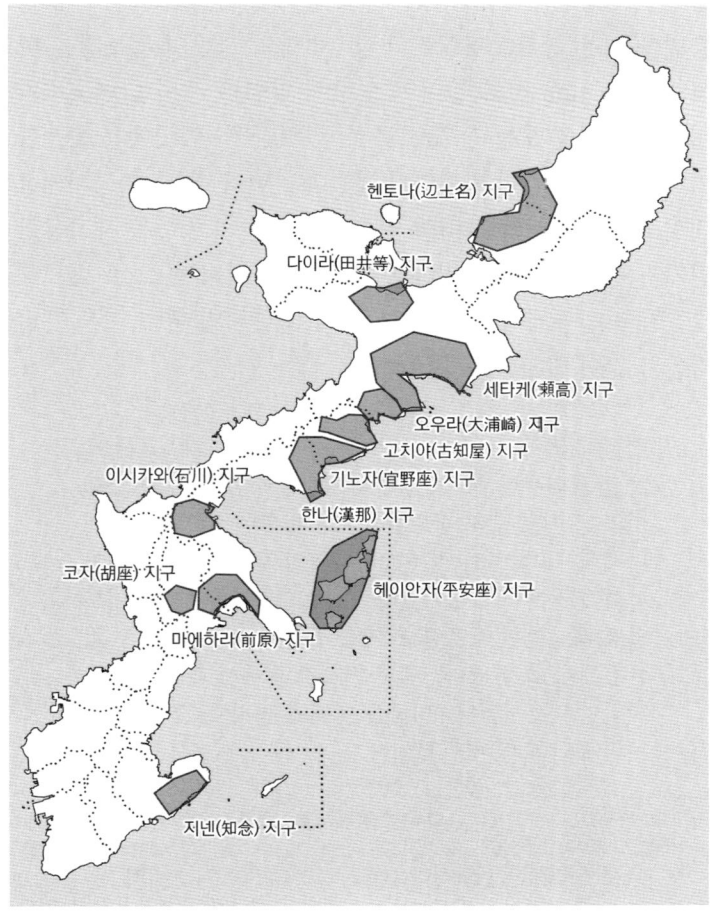

그림 6.1   미군이 설정한 오키나와의 민간인 수용구역
출처: 일본어 위키백과 [[:ja:沖縄の収容所]]

제 6 장 사라지는 똥의 가치

수용소를 설치하여[9] 약 3만 2500명을 수용하였다. 그곳에는 구멍을 파놓은 칸막이 없는 변소에서 몇 명이 쪼그리고 앉아 용변을 보는 공동화장실이나 20~30명의 사람이 철조망을 따라 파놓은 30m 정도 길이의 도랑에 일렬로 서서 남녀노소가 뒤섞여 용변을 보는 풍경도 볼 수 있었다[10]. 그곳에는 순서를 기다리는 긴 행렬이 형성되어 있었다고 한다. 이후 미군기지를 건설하는 불도저와 트럭의 연료를 담았던 드럼통을 재사용한 변기가 등장하면서 맨땅의 변소에서 '근대식 변소'로 변모했다. 이 드럼통에서 '근대'를 느꼈다고 당시의 한 소년은 훗날 다음과 같이 말한다.

> 전쟁이 끝나고 규슈의 피난처에서 철수했을 때 드럼통으로 만든 양수식 변소가 등장해 놀라움과 안도감을 느꼈던 기억이 난다. 당시 감수성이 예민한 열네 살 소년이었던 나에게 '돼지 변소[11]'는 오키나와의 후진성의 상징이자 문화적 굴욕의 상징이었다. 그리고 그것을 아무렇지도 않게 사용하면서 조금도 '악습'을 고치려 하지 않는 어른들에게 화가 났다. 돼지 변소가 섬에서 추방된 것은 미국인 덕분이었다. 미국은 나에게 원시로부터 문명으로의 도약을 의미했다[12].

---

9) [역주] 헨토나(辺土名), 다이라(田井等), 세타케(瀬高), 오우라(大浦崎), 고치야(古知屋), 기노자(宜野座), 한나(漢那), 이시카와(石川), 헤이안자(平安座), 마에하라(前原), 코자(コザ), 지넨(知念).
10) 오키나와의 화장실에 대해서는 히라카와 무네타카(平川宗隆)『오키나와 화장실의 세대교체(沖縄トイレ世替わり ― フール豚便所から水洗まで)』ボーダーインク, 2000를 참조했다.
11) [역주] 豚のフール, 제주도의 똥돼지를 연상하면 된다.
12) 『오키나와 화장실의 세대교체』113쪽.

6.4 오키나와 돼지 변소의 역사와 퇴장

여기서 등장하는 '돼지 변소'는 일본에서는 '풀フール'이라 불린다. 전쟁 전 오키나와에서는 돌로 쌓은 변소와 돼지우리가 합쳐진 '풀'을 어디서나 흔하게 볼 수 있었다. 사람의 똥은 돼지의 사료가 되었던 것이다. 오키나와에서는 이 돼지를 식용할 뿐만 아니라 돼지의 분뇨를 깔짚과 함께 발효시켜 유기질 비료로 만들어 작물을 재배하고 이를 식용하는 순환이 이루어지고 있었다. 쓰루후지 시카타다의 『류큐 지역의 민가[13]』에 따르면 '류큐 열도 대부분의 섬에서 돼지우리와 화장실은 동의어인 것처럼 돈사 끝이 화장실로 되어 있다. 우리와의 경계인 돌바닥에 직사각형의 작은 홈을 파서 화장실로 삼고 우리 쪽에서 옆 구멍을 뚫어 돼지가 머리를 들이밀면 인분을 먹을 수 있도록 했다'라고 한다.

이바 모리마사의 『류큐 동물사[14]』에 따르면 오키나와에서는 14세기 말 중국에서 돼지의 육식 문화가 전해져 양돈이 시작되었다고 한다. 중국에는 이미 돼지 변소가 존재했고 그것이 돼지와 함께 오키나와에 전해진 것으로 추정된다. '집家'이라는 한자의 어원을 살펴보면, 지붕宀이 있고 사람이 사는 아래에 돼지豕가 있다는 의미가 담겨 있는 것으로 보아 어느

---

13) 쓰루후지 시카타다(鶴藤鹿忠)『류큐 지역의 민가(琉球地方の民家)』明玄書房, 1972.
14) 이바 모리마사(井波盛誠)『류큐 동물사(琉球動物史)』ひるぎ書房, 1979.

제 6 장 사라지는 똥의 가치

그림 6.2 중국 한나라 명기에 나타난 돼지 변소

정도 납득이 간다.

중국 한漢나라 시대는 이 풍습이 존재했음을 증명하는 자료가 와세다대학의 아이즈 야이치會津八一 기념박물관에 소장돼 있다. 한나라의 명기明器15) '돈사豚舍'이다. 이것은 죽은 후에도 돼지고기 섭취와 화장실 이용에 불편함이 없도록 죽은 이를 위한 부장품으로써 무덤에 넣은 것으로 오키나와 돼지 변소의 기원으로 여겨지고 있다(그림 6.2).

세계적으로 보면 돼지 변소는 중국뿐만 아니라 한국 제주도에도 존재했다. 또한 앞서 언급한 미즈키 시게루가 파푸아뉴기니 제도 라바울에서 목격한 인분과 돼지의 관계도 이 관습과 유사하다. 네팔과 부탄에도 돼지 변소는 존재한다.

한편 돼지 변소는 인간과 돼지 사이에 공통의 기생충과 전

---

15) [역주] 장사 지낼 때 무덤 속에 시체와 함께 묻는 그릇.

염병이 존재하기 때문에 공중위생상 문제가 있다고 전쟁 전부터 문제시되어 경찰과 관할 가축방역관이 농가를 순회하며 돼지우리 개선 지도를 했다는 기록이 있다[16]. 하지만 '인분을 먹이지 않은 돼지는 사 가려는 이가 없다'라는 이유로 돼지 변소는 사라지지 않았다. 또한 돼지 변소에는 많은 신이 깃들어 있어 사람들의 신앙의 대상이기도 했다.

이처럼 전쟁 전 오키나와 사람들의 생활에서 돼지 변소는 중요한 역할을 했고 또한 이 책에서 지금까지 설명한 것처럼 사람의 분뇨를 비료로 이용하기도 했기 때문에 돼지 변소와 하비 활용의 두 가지 용도로 분뇨가 이용되고 있었던 것이다.

돼지 변소가 미국에 의해 추방되었다는 것은 무엇을 의미하는 것일까? 오키나와시정촌장회가 펴낸 『지방자치 7주년 기념지』에 정리된 '보건·위생'에 대한 설명을 살펴보면 다음과 같은 경위가 있었다는 것을 알 수 있다[17].

전쟁이 끝나자 우선 미 해군 군정사령부의 포고령에 의해 환경위생 행정을 추진할 「오키나와 위생기구」가 설립되었다. 이에 따라 「지구위생과地区衛生課」가 신설되어 화장실 개선 지도가 진행되었다. '화장실은 민가나 축사로부터 멀리 떨어뜨릴 것', '화장실은 의자 형태의 미국식으로 바꿀 것'이 그 취지였다. 미군 병사들의 눈에 비친 변소는 '불결하기 짝이 없는', '기생충

---

16) 『오키나와 화장실의 세대교체』 55쪽. p142 각주 참고.
17) 오키나와시정촌장회(沖縄市町村長会) 編 『지방자치 7주년 기념지(地方自治7周年記念誌)』 沖縄市町村長会, 1955.

제 6장 사라지는 똥의 가치

의 발원지'에 다름 아니었기 때문이다.

1948년 9월에는「위생규칙」이 제정되었고 여기에는 화장실 구조와 분뇨 처리 방법의 변경, 가축의 실내 사육 금지 등이 철저하게 이루어지게 되었다. 이는 기생충 박멸 운동과도 맞물려 있었다. 이러한 흐름 속에서 돼지 변소는 점차 오키나와의 삶에서 배제되어 갔다.

드럼통 변소가 돼지 변소를 대체한 것을 문명의 발전이라며 기뻐했던 소년은 어른이 되어 돌아봤을 때 당시의 기쁨과는 달리 이 시기의 변화를 다음과 같이 설명하기도 했다.

> 그러나 열네 살 소년의 지혜가 닿을 수 있는 범위는 아니었지만 '돼지 변소'의 소멸은 오키나와 농업이 오랜 세월에 걸쳐 형성한 '사람→돼지→작물→사람'이라는 자연적 생산 사이클에서 돼지를 배제하고 오키나와 사람들의 식탁에서 돼지를 빼앗음으로써 오키나와의 식문화를 크게 바꾸어 놓았다[18].

지역의 풍토와 생활 속에서 영속적으로 이어져 온 돼지 변소에 대한 '혐오감'과 '굴욕감'은 이러한 전후 오키나와의 정세 속에서 생겨나고 정착된 것으로 보인다. 그것은 또한 전후 오키나와와 돼지의 관계에도 큰 영향을 미치게 되었다. 이러한 변화는 오키나와의 식문화로서 '돼지'는 종종 중요한 식재료로 거론되는 반면 산업화된 대규모 양돈업이 보급될수록 오키나와

---

[18] 『오키나와 화장실의 세대교체』 113쪽. p142 각주 참고.

사람들이 '돼지'를 혐오하게 되는 모순을 논한 히가 리마의 『오키나와 사람과 돼지[19]』의 논의와도 일맥상통하는 면이 있다.

돼지나 똥, 변소에 대한 '혐오감'은 이 시기 오키나와뿐만 아니라 전후 일본 전역에 광범위하고 빠르게 퍼져나갔다. 전후 일본에서 육류 소비가 늘어나면서 돼지고기를 생산하기 위해 각지에서 양돈이 성행했고 오키나와도 그 대표적인 지역 중 하나다. 그런데 소비자들은 돼지고기를 먹으면서도 점차 양돈장이나 돼지를 운반하는 트럭의 냄새를 싫어하고 불만을 토로하기 시작했다.

그것은 마치 세상에 수세식 화장실이 보급되어 변소 냄새가 친숙하지 않게 된 시대와 맞물려 있는 것 같다. 삶에서 '냄새'가 깎여나가는 과정에서 타인과 동물, 그리고 마침내 자신의 '냄새'에까지 우리는 어느새 혐오감을 갖게 되었고 '탈취'와 '무취'를 추구하는 현대사회에서는 그것이 지나치다고도 할 수 있는 양상을 보이고 있다. 미즈키 시게루가 1971년「분신도」를 발표하면서 풍자하고 싶었던 것은 이러한 사회와 인간의 삶의 방식, 가치관, 세상을 대하는 태도의 변화가 아니었을까.

---

[19] 히가 리마(比嘉理麻)『오키나와 사람과 돼지(沖縄の人とブタ ― 産業社会における人と動物の民族誌)』京都大学学術出版会, 2015(技報堂出版, 2006).

제 6 장 사라지는 똥의 가치

6.5 수세식 화장실의 보급과 미군기지

전후 오키나와의 수세식 화장실 보급률은 전국적으로 볼 때 높은 편이었다. 이는 일본 내 미군기지가 오키나와에 집중되어 있던 것과 무관하지 않다. 1972년 반환 이전까지 오키나와에서는 미군 군속이 민간 지역의 음식점에 자유롭게 출입하는 것이 허용되지 않았다. 그것은 치안 문제와 함께 전염병이나 성병 등의 감염 예방을 위해서였다. 그런 가운데 통칭 'A사인'이라는 허가증이 제시된 곳에서는 자유로운 출입이 가능했는데 이 허가증을 받는 조건 중 화장실이 '수세식'이라는 조건이 포함되어 있었다. 이러한 필요에 의해 수세식 화장실은 오키나와에 보급되었다.

1950년대 중반에는 류큐열도 미국국민정부(이하 류큐 정부[20])의 지도도 있어서 정화조가 보급되었다. 미국 정부 당국으로부터 류큐 정부 후생국에 '기생충 대책비'로 1800달러의 예산이 지출되었다. 미군정부 공중위생복지부의 하수 전문 기술관이었던 롤러 Omer E. Roller 라는 인물이 파견되어 '롤러식 개량 간이 수세식 변소'를 개발했고 이것이 오키나와에 보급되었다. 이는 배설 후 바가지로 물을 부어 씻어내는 절수형 간이 변소였다.

---

[20] United States Civil Administration of the RYUKYU ISLAND.

6.6 오키나와의 하수도

수세식 화장실은 물로 흘려보낸다고는 하지만 초기에는 그대로 거름통에 버리는 방식이었다. 다음 단계로 하수도가 정비되고 그 다음 단계로 하수처리 기술이 더해진다. 이 과정은 지방자치단체에 따라 다르지만 우선 전국적인 법의 정비를 확인해 보자.

전장에서 언급한 '오물청소법'의 성립과 같은 시기, 하수도 정비와 보급, 콜레라 등 전염병의 유행을 배경으로 1910년에 도시를 깨끗하게 하는 것을 목적으로 한 '하수도법'이 제정되었지만 보급에는 이르지 못했다. 그것이 근본적으로 개정되어 '신 하수도법'이 정해진 것은 제2차 세계대전 후인 1958년이었다. 또한 1970년에는 일부 개정되어 도시뿐만 아니라 '공공용 수역의 수질 보전'을 목적으로 추가되어 현재에 이르는 하수도 시스템의 원형을 갖추게 되었다[21].

오키나와의 경우 류큐 정부 시대에 '류큐 정부 건축기준법'이 제정되어 하수처리시설이 설치된 지역에 건물을 신축할 경우 수세식 화장실로 하도록 규정되었다. 1960년경부터 나하시와 오키나와시(옛 코자시)에서 급격한 도시화가 진행되어 시가지에 흐르는 하천의 오염이 문제가 되자 두 도시에서는 독자적인 하수도 계획을 세우고 1964년 7월에 오키나와에서

---

[21] 국토교통성 홈페이지 「하수도 자료실」 (2020년 3월 11일 접속) (https://www.mlit.go.jp/crd/city/sewerage/data/basic/rekisi.html)

제6장 사라지는 똥의 가치

전후 첫 하수도 사업에 착수했다[22].

1967년에는 하수도가 설치된 지구 내의 주택은 가정 오물 처리를 위해 하수도와 연결되는 하수관을 설치하도록 하고 이용자로부터 하수도 사용료를 징수하도록 규정하여 이를 '하수도법'으로 정했다. 미국 정부의 투자와 기증 시설로 인해 그 사용료는 비교적 저렴한 편이었다. 이후 '오키나와 하수도공사'가 설립되었다. 이를 사업 주체로 하여 1969년 나하하수처리장(현 나하정화센터), 이듬해에는 이사하마伊佐浜처리장(현 기노만宜野湾정화센터)에서 침전방식에 의한 간이처리가 시작되었다. 오키나와에서는 미군정의 반환 전에 이미 이러한 마스터플랜이 진행되고 있었던 것이다. 1972년 5월 15일 본토 복귀와 함께 하수도공사는 폐지되고 이후 오키나와현의 관리로 사업을 실시해 1978년 나하하수처리장에서 고도처리가 시작되었다.

그리고 그 역할을 완전히 마친 돼지 변소는 중요문화재로 지정되었다. 오키나와가 일본 정부에 반환되기 전인 1951년에 류큐 정부로부터 중요문화재로 지정된 오키나와현 기타나카구스쿠손北中城村 오시로大城의 '나카무라야中村屋 주택'의 돼지 변소에서 지난날의 사람과 똥과 돼지의 관계를 떠올릴 수 있다.

---

[22] 오키나와현 홈페이지「오키나와현 하수도 개요」(2020년 3월 11일 접속) (https://www.pref.okinawa.jp/gesuidou/okinawakengesuidounoaramasi/start.html)

6.7 도시를 오가는 오물 마차

전쟁 중인 도쿄에서도 분뇨 문제는 심각했다. 분뇨 수거에 종사하던 사람들도 소집되는 바람에 변소의 분뇨 수거가 중단되어 버렸기 때문이다. 이를 해결하기 위해 도쿄도는 1944년에 철도 회사와 협의하여 분뇨를 교외로 운반하여 농지에 환원하기로 했다. 세이부 철도, 도부 철도가 이에 협력하여 1955년까지 약 10년간 이른바 '황금 열차'는 교외로 분뇨를 운반하는 일을 지속했다[23].

전쟁이 끝나자 많은 미군 병사들이 일본에 왔다. 그곳에서 그들은 이해하기 어려운 광경을 목격하게 된다. 도쿄나 요코하마, 가와사키 등 대도시를 돌아다니다 보면 분뇨로 가득 찬 거름통이 여러 개 나란히 놓여 있다. 그것들을 실은 마차가 오가며 곳곳에서 하비의 거래와 환적이 이루어지고 있었던 것이다[24].

연합군 최고사령부 총사령부GHQ는 압수한 히비야 제일생명 빌딩에서 1945년 9월 17일에 사무를 시작했는데 5일 후 '공중위생에 관한 각서'를 발표한다[25]. GHQ가 얼마나 공중위생을 중요시했는지 알 수 있다.

---

23) 廃棄物学会/ごみ文化研究部会/ＮＰＯ日本下水文化研究会(屎尿・下水研究分科会)『쓰레기의 문화・인분뇨의 문화(ごみの文化・屎尿の文化)』, 技報堂出版, 2006, 73쪽.
24) 무라노 마사요시(村野まさよし)『진공청소차는 대단했다!(バキュームカーはえらかった！)』文藝春秋, 1996, 11쪽.
25)『하수도 도쿄 백년사』165쪽. p160 각주 참고.

제6장 사라지는 똥의 가치

 야채를 샐러드로 먹는 그들에게는 하비를 뿌려 채소를 재배하는 일본의 농업 기술을 받아들일 수 없었다. 그리고 기생충 등 위생상의 문제로 인해 그것을 먹는 것을 매우 꺼렸다. 그래서 하비를 사용하지 않은 채소를 '청정채소'라 부르며 하비로 키운 채소와 구별했다. 일본어사전에 따르면 청정채소淸淨野菜는 '하비를 쓰지 않고 화학비료로 재배한 채소'라고 정의하고 있다.

 전후 식량난을 겪으면서 흙이 있는 곳이면 어디든 밭이 되었고 텃밭도 활발하게 조성되었다. 여기에 하비를 사용했기 때문에 기생충의 증가는 피할 수 없었다. 당시 검변 검사에 따르면 전국 평균으로 전체 인구의 50~60%가 기생충을 보유했다고 한다. 이러한 상황에 따라 1949년 가나가와현 위생연구소는 장내 전염병 및 기생충 예방을 위해 대변과 소변을 분리해 처리하는 변기를 개발했다. 이는 병원균이나 기생충 등은 대변에 포함되어 있고 소변에는 포함되어 있지 않으며 대변의 비료화에는 시간이 걸리지만, 소변은 그대로 비료追肥液로 이용할 수 있다는 특성을 살린 발명품이다. 4년간의 경과 관찰 결과 이 변기를 사용한 지역의 기생충 보유율이 약 절반으로 줄었다고 한다[26].

 화학비료의 도입에 따라 1948년 무렵을 정점으로 하비 이용도 줄어들기는 했지만 사라지지는 않았다. 이듬해에는 수세식 변소 개조 비용의 조성이 시작되었고 1950년에는 전쟁 전에

---

[26] 『쓰레기의 문화·인분뇨의 문화』 67~69쪽.

도 실시했던 해양투기가 재개되었다. 그리고 같은 해 GHQ가 '분뇨의 자원과학적 위생처리에 관한 건'에서 '수거된 분뇨의 과학적 처리법으로 혐기성 소화법이 최선이다'라고 권고했다. 이보다 조금 앞선 1949년 도쿄도는 스나마치砂町 하수처리장 내 분뇨 소화조 건설에 착수해 1953년 가동에 들어갔다. 이는 일본 최초의 분뇨 정화조이며 이후 분뇨의 위생적이고 과학적인 처리 시대가 열리게 된다[27].

6.8 과학적 처리기술과 박테리아

그렇다면 분뇨의 위생적이고 과학적인 처리란 구체적으로 어떤 것을 말하는 것일까? 이를 설명하기 위해 여기서는 박테리아(세균)에 의한 분해(생물학적 처리)에 대해 간단히 언급하기로 한다[28].

먼저 '혐기성 소화법'은 혐기성 세균에 의해 산소를 사용하지 않고 유기물을 분해하는 것으로 '발효' 또는 '부패'라고 한다. 이를 통해 분뇨는 위생적으로 무해한 것으로 농지에 환원할 수 있는 것이 된다. 다만, '혐기성 세균'에 의한 분해가 이루어질 때 황화수소나 메틸 메르캅탄methyl mercaptan 등의 악취가 나는 가스가 발생한다. 냄새가 없어지기까지 오랜 시간이 걸리는 분해 방식이다.

---

27) 『하수도 도쿄 백년사』169쪽. p160 각주 참고.
28) 이하, 아리타 마사미쓰·이시무라 다몬(有田正光·石村多門)『똥에게 배워라!(ウンコに学べ！)』ちくま新書, 2001, 38~42쪽을 참조했다.

제6장 사라지는 똥의 가치

 이에 반해 '호기성 박테리아'에 의해 분해하는 방법도 있다. 호기성 세균은 섭취한 먹이(유기물)를 산소를 이용해 분해한다. 우리 인간도 유기물을 섭취하고 호흡한 산소와 반응시켜 이산화탄소와 물, 에너지를 만들어낸다. 호기성 세균에 의한 분해는 혐기성 세균에 의한 분해보다 10~100배 빠른 속도로 진행되며, 냄새도 나지 않는다. 하지만 산소가 부족하면 혐기성 박테리아로 대체되기 때문에 호기성 박테리아의 분해를 지속시키려면 펌프로 산소를 계속 공급해야 한다. 이를 '폭기曝気(에어레이션)'라고 한다. 폭기를 위해서는 다량의 전력이 필수적이기 때문에 충분한 전력을 확보할 수 없던 당시의 일본에서는 우선 혐기성 박테리아에 의한 분해를 시작하게 된 것이다.

 박테리아를 이용한 하수처리(생물처리)에는 '생물막법生物膜法'과 '활성오니법活性汚泥法'이라는 두 가지 방법이 더 있다. 생물막법은 박테리아를 여과재나 여과층에 고정시켜 그곳에 하수와 공기를 주입하는 방식이고 활성오니법은 박테리아를 물속에 주입하는 공기의 부력으로 부유시켜 산소에 충분히 노출시키는 방식이다.

 박테리아는 유기물을 분해하면서 증식하고 서로 결합하여 젤라틴 같은 덩어리(활성오니)가 되어 침전되어 수분과 분리된다. 활성오니는 호기성 박테리아 덩어리이기 때문에 일부는 하수처리에 재사용되고 나머지는 소각 후 재가 되어 매립지나 바다에 버려진다. 또 건조된 슬러지를 퇴비로 사용하는 방법도 있다. 이러한 기술 혁신으로 오늘날 일본에서는 활성오니법이 주류가 되고 있다.

6.9 청정채소란 무엇인가?

이러한 상황과 함께 농업에 '하비'를 사용하지 말라는 정부의 지침이 나오게 된다. 1950년에는 채소 재배와 관한 하비 이용에 대해 후생성 공중위생과 농림성 농업개량국장의 연명으로 다음과 같은 견해를 각 광역단체都道府県의 장에게 제시하기에 이르렀다[29] (괄호 안은 인용자 표기). 이 통지가 나온 것은 마침 황금열차가 폐지된 무렵이었다.

> 청정채소의 보급에 대하여
>
> (1950년 3월 28일 제205호)
>
> (각 광역단체장에게 보내는
>
> 후생성 공중위생·농림성 농업개량국장 연명 통지)
>
> 현재의 채소류는 상당 부분 <u>위생적으로 미처리된 인분을 비료로 재배되고 있기 때문에 장내 기생충의 확산 요인</u>이 되고 때로는 이질 등 경구전염 질병을 유발하는 경우도 드물지 않으며 한편으로는 이러한 우려로 인해 <u>채소의 생식을 방해</u>하여 무기질, 비타민류 등의 국민적 결핍을 초래하는 등 건강 및 <u>식생활 개선에 많은 지장</u>을 초래하고 있다.

---

[29] 후생노동성 홈페이지 후생노동성 법령 등 데이터베이스 서비스(2020년 3월 11일 접속) 밑줄은 필자가 표시. (https://www.mhlw.go.jp/web/t_doc?dataId=00ta5703&dataType=1&pageNo=1)

제6장 사라지는 똥의 가치

이를 개선하고 혁신하는 것은 중요한 의미를 갖는 것이지만, 이를 위해서는 <u>분뇨처리 방식의 개선, 재배법 및 시장 취급의 개선</u> 등을 전제로 하는 것이기 때문에 하루아침에 그 전부를 이루기에는 어려움이 있다.

그러나 앞으로의 방향을 제시하는 의미에서 이번에 별지의 <u>청정채소 보급 요강</u>을 정하고 그 추진을 도모하여 점진적으로 채소류에 대한 위생 향상을 도모하고자 하는 바이다.

따라서 별지 요강에 따라 청정채소 보급 추진에 대해 각별한 배려를 부탁드리며 통지와 함께 요청한다. …

별지 내용은 표 6.1에 제시하였다.

표 6.1 청정채소 보급 요강[30]

1. 목적
 공중위생 향상 및 식생활 개선을 위해 청정채소를 보급하여 곰팡이병 등의 근본적 방지를 도모하고 구강전염병 예방에 이바지하며 각종 비타민 무기질 등의 보충원을 확보함을 목적으로 한다.
2. 대상 채소의 종류
 무, 순무, 갓, 쑥갓, 쑥갓류, 양배추, 파, 상추, 셀러리, 파슬리, 토마토, 오이, 딸기 등 국민의 식생활에서 통상적으로 생식 또는 절임으로 섭취하는 경우가 많은 것을 당분간 이 요강 대상에 포함시키되 그 외의 종류도 순차적으로 본 요강의 대상에 포함시키도록 추진한다.

---

[30] 출처: 후생노동성 홈페이지 후생노동성 법령 등 데이터베이스 서비스(2020년 3월 11일 접속) https://www.mhlw.go.jp/web/t_doc?dataId=00ta5703&dataType=1&pageNo=1

3. 청정채소의 정의

    청정채소라 함은 아래 열거한 조건 아래 재배되고 장내 기생충의 알(새끼를 포함한다. 이하 같다.) 및 경구전염병 병원균이 부착될 우려가 없는 채소류(과채류 및 딸기를 포함한다. 이하 같다.)를 말한다.

    ① 재배하는 경지는 최근 1년 이상 위생적으로 미처리된 분뇨를 사용하지 아니하고 인접지 또는 유수 등으로 인하여 위생적으로 오염될 우려가 없는 등 청정채소 재배에 지장이 없다고 인정되는 곳일 것.

    ② 직접 재배에 사용하는 비료는 퇴비, 화학비료, 부엽토 등을 원칙으로 하며 분뇨는 위생적으로 미처리된 것을 절대 사용하지 않아야 한다.

    ③ 분뇨는 퇴비의 재료로 사용하여 고온발효 등으로 위생적으로 완전히 처리된 경우 또는 처음부터 분리수거된 분뇨에 한하여 그 시용施用을 허용한다. 다만, 이 경우 퇴비 등도 가급적 전작前作 또는 그 기비基肥로만 시용하고 그 시용량도 가급적 소량으로 제한한다.

4. 실시기관 및 업무분담

    - 국가기관
        ① 후생성 및 농림성 관계부서는 상호 연계성을 유지하여 지방자치단체 및 민간기관 등과 협력하여 청정채소 보급을 도모한다. 생산 조장은 농림성 관계부서, 위생 지도단속은 후생성 관계부서에서 담당하는 것을 원칙으로 한다.
        ② 후생성 및 농림성 관계부서는 상호 연락을 유지하며 청정채소 보급에 관한 기획 및 지방공공단체, 민간기관 등에 대한 지도를 실시한다.
    - 지방기관
        ① 광역단체 및 기초단체는 청정채소의 생산 조장 및 소비 촉진에 힘쓴다.

② 위생상의 지도단속은 광역단체 및 보건소를 설치한 시에서 실시한다.
- 그밖의 기관
각종 언론기관, 위생단체, 농업단체, 영업자조합, 회사 등 민간기관의 협조를 구한다.

5. 보급 방법
   - 생산조장 및 위생지도 방법
     ① 청정채소 생산에 대해서는 경지를 청결하게 유지하는 데 일정 지역을 청결하게 할 필요가 있다. 이를 위해 그 재배 조건에 부합하는 구역을 광역단체가 조례 등에 근거하여 청정채소의 산지로 지정하는 등의 방법을 마련하는 한편 되도록 이를 위한 생산자 단체의 육성과 그 활동의 촉진을 도모한다.
     ② 청정채소에는 그 산지에서 운송 및 판매 과정에서 외부로부터의 오염을 방지할 수 있도록 조처하는 한편 청정채소임을 알리는 표시, 그밖에 필요한 표시를 하도록 지도한다.
     ③ 청정채소의 산지를 담당하는 광역단체는 그 재배지, 생산 채소 등에 관하여 필요한 위생지도 및 검사를 시행하여 그 결과 청정채소임을 보증할 수 있다고 인정할 때는 그 생산자 또는 그 단체에 대하여 별도로 정하는 바에 따라 광역단체 위생부서의 증명표시를 할 수 있도록 허가하고, 그 허가번호와 함께 후생성에 취지를 보고해야 한다. 후생성은 보고를 취합하여 관계 기관에 이를 통지한다. 성적에 따라 그 허가를 취소하는 때도 이에 따른다.
     ④ 소비지의 위생 당국은 청정채소에 대해 수시로 수거검사를 시행하고 지도한다.
     ⑤ 광역단체는 이러한 청정채소의 생산 및 소비에 관한 보급을 위해 필요한 경우 조례 제정을 고려해야 한다.

- 소비 보급 방법
    ① 청정채소 소비의 보급은 교육적 및 계몽적 지도를 통해 이루어진다. 아울러 급식시설, 음식점 영업 등에 대하여 최소한 생식을 할 때는 청정채소를 이용하도록 권장한다.
    ② 청정채소의 중요성 홍보와 소비확산을 위하여 농촌에 대해서도 필요한 조처를 하여야 한다.

우선 무엇보다도 기생충이나 감염의 우려가 없는 채소를 '청정'이라는 개념으로 구분하고 있는 것이 눈길을 끈다. 공중위생의 관점에서 하비와 채소 재배의 관계에 대한 수정이 요구된 것이다. 그리고 그 목적으로 감염병 예방뿐만 아니라 영양을 위해 채소를 생식하도록 하는 것도 포함되어 있었다는 점이 흥미롭다.

이 프로젝트의 수행기관과 업무 분담을 보면 국가·광역단체県·기초단체市町村라는 행정 체제 전체와 함께 보도·위생·농업·영업·민간기업 등 다방면에 걸친 대규모 사업이었음을 알 수 있다. 다만, 비료 사용을 전면 금지한 것이 아니라 '위생적으로 완전히 처리된 것'은 사용이 허용되었다.

이 통지는 전국 각지에 전달되었고 도쿄에서는 도시를 오가는 분뇨 마차를 한시라도 빨리 없애고 교외로의 분뇨 운반에 의존하지 않는 방법을 모색해야 했다. 곧 다가올 1964년 도쿄올림픽 개최를 앞두고 어떻게든 이를 실현해야만 했기 때문이다.

6.10 도쿄 올림픽과 하수도

도쿄의 오수 문제와 하수도 사업을 이야기할 때 도쿄 올림픽과의 연관성을 무시할 수 없다. 전후 복구 사업 중 하수도 정비는 도로와 상수도 시설에 비해 항상 우선순위에서 밀렸다. 하지만 도쿄에서 올림픽 개최가 결정된 1959년 도쿄도는 하수도 사업의 대폭적인 확대 수정을 결정했기 때문이다.

1958년 당시 도쿄도의 하수도 보급률(면적 보급률)은 19.8%에 불과했다. 150만 가구의 사람들은 여전히 저류식貯溜式 변소에서 생활하고 있었고 거기서 퍼낸 분뇨 중 3분의 1만 스나마치 분뇨소화조에서 처리되고 절반은 바다에 버려졌다. 저습지低湿地에서는 배수가 잘되지 않는 웅덩이가 파리와 모기의 온상이 되었고 비가 많이 오면 넘쳐나는 상황이었다. 스미다가와 강도 '죽음의 강'이 되었고 1961년에는 언제나 진행되던 료고쿠両国 불꽃놀이도 와세다·게이오대학간 보트레이스早慶レガッタ도 중단될 상황이었다[31].

이 무렵 1960년 '소득배증계획', 1962년 '전국종합개발계획' 등 국가 정책과도 깊이 관계하면서 도쿄도는 1963년 '도쿄도 장기계획'을 수립했다. 이 가운데 하수도 사업에도 대규모 예산이 배정되었다. 이로써 그동안 경시되어왔던 하수도 사업에 드디어 계획적인 정비 촉진의 길이 열리게 되었다. 1962년

---

31) 下水道東京100年史編纂委員会編『하수도 도쿄 백년사(下水道東京100年史)』東京都下水道局, 1989, 192, 198쪽.

도쿄도에 하수도국이 발족하면서 경비, 조직, 시설의 체제가 정비되어 하수처리 기술 발전에도 탄력이 붙었다.

시바우라芝浦 처리장에서 하수에 산소를 주입하는 '폭기법'을 도입한 1960년 이후 다른 처리장에서도 순차적으로 이 방식을 채택하게 된다. 1962년에는 시바우라 처리장에 농축, 소화, 진공 탈수를 일관적으로 처리하는 슬러지 처리 공장이 완공됐다. 1964년 새로 가동된 오치아이落合 처리장은 상부를 공원으로 조성해 도심에 위치한 처리장의 새로운 모델 케이스가 되었다. 하수도 정비가 이 단계에 이르렀을 무렵 도쿄올림픽이 개최되었다. 도쿄 올림픽 선수촌에서 식당 운영을 지휘했던 제국호텔의 무라카미 노부오村上伸夫는 당시를 다음과 같이 회상했다.

> 일본의 채소는 퇴비를 사용하기 때문에 비위생적이라는 편견도 있었다. 어쩔 수 없이 유럽 대회 위원들을 버스에 태우고 나가노현에 있는 채소 산지로 시찰을 갔다. '정말 깨끗하다'며 모두가 감탄하여 오해는 금세 풀렸다[32].

'청정채소 보급에 대하여'라는 공지가 전국에 알려진 지 약 10년, 이 시기에는 적어도 올림픽 선수촌에서 제공되는 채소는 완전히 '청정'해져 있었다.

---

32) 무라카미 노부오(村上信夫)『제국호텔 주방 이야기(帝国ホテル厨房物語 — 私の履歴書)』日経ビジネス人文庫, 2004.

6.11 초대량 배설의 시대-국철역의 화장실 사정

지금으로부터 약 100년 전 일본의 근대라는 시대는 '대량 배설의 시대'였지만, 전후 특히 고도 경제 성장기 이후는 인구의 증가와 함께 '초' 대량 배설의 시대로 접어들었다. 게다가 이 시점에서 근세 이후의 분뇨의 농지 환원은 거의 사라진 상태였다. 이런 상황에서 똥은 대체 어디로 갔을까?

도쿄대학 공학부 건축학과를 졸업한 후지시마 시게루는 1931년부터 일본국유철도(당시 철도성, 현 JR)에 취직해 역의 화장실 관련 업무에 종사한 경험을 『화장실 부장』이라는 한 권의 책에 담았다. 매일 현장을 지켜본 사람만이 쓸 수 있는 구체적인 묘사는 힘이 있다. 예를 들어 다음과 같은 구절이 있다.

> 역의 화장실은 정말 지저분하다. 워낙 이용객이 너무 많이 사용하다 보니 역 측에서도 가끔 '출입 금지'를 내걸고 청소를 하기도 하지만 금방 더러워진다. 우에노역 주변에서는 아침 4시부터 다음날 새벽 2시까지 화장실 이용자가 시간당 2천 명에 육박하며 하루 동안은 3만 5천 명에 달한다. 간다神田역에서 조사한 바에 따르면 한 개의 소변기가 한 시간 동안 80.8회 사용되고 있다[33].
> …
> 가장 규모가 크고 하루에 승하차만 약 60만 명, 환승까지 포함하면 100만 명이 이용하는 도쿄역에는 직원용을

---

33) 후지시마 시게루(藤島茂)『화장실 부장(トイレット部長)』文藝春秋新社, 1960, 30쪽.

● 6.11 초대량 배설의 시대-국철역의 화장실 사정

제외하고 총 7곳 합계 122개의 대소변기와 126개의 소변기, 합하면 248개가 있다[34].

이 책에 따르면 국가가 '청정채소 보급에 대하여'라는 고시를 발표한 이듬해인 1951년, 한 대형 역의 역장으로부터 오랫동안 분뇨수거를 위해 출입하던 농민조합이 올해의 계약을 거절하겠다는 바람에 곤란한 상황이라는 상담을 받았다고 한다.

이 역은 하루 평균 3만 명의 승하차객이 있고 그들이 배설하는 양은 하루에 2말짜리 통으로 45통(1말을 18ℓ로 환산하면 1620ℓ), 트럭 한 대 분량에 달하기 때문에 이것이 지체되면 큰일이다. 농민들이 수거를 거절하게 된 배경에는 분뇨 수거 역사의 변화가 있다고 이 책은 설명한다. 즉, 1945년까지는 분뇨를 돈을 주고 샀던 '전쟁 중 비료 부족 시대'였다. 이어 1948년까지의 '종전 후 물자 부족 시대'에는 밤마다 분뇨 도둑이 횡행해 수거구에 자물쇠를 채운 적도 있었다고 한다. 그 후 1951년까지는 '하비·화학비료 혼용시대'로 분뇨 수거 역사의 대전환기를 맞이했다. 수거 요금은 계속 하락해 무료 수거 전성기를 거쳐 이후 유료 수거로 전환했다. 마침내 1952년 이후에는 '화학비료 만능시대'에 접어들었고 역에서는 적지 않은 비용을 지불하고 수거를 의뢰할 수밖에 없었다. 결국 앞서 분뇨 수거를 거부한 사안은 한 달에 2만 6천엔의 수거 비용을 지불하는 것으로 일단락된 것 같지만 이런 상황이 모든 역에서

---

34) 『화장실 부장』, 86쪽.

벌어졌다면 엄청난 지출이 발생했을 것임은 상상하기 어렵지 않다.

6.12 진공청소차의 탄생

이렇게 분뇨 수거 비용의 고공행진이 문제가 되는 가운데 1950년대 이후 분뇨 수거 작업은 인력에서 진공차$^{vacuum\ lorry}$로 전환되었다. 1950년 세계 최초의 소형 진공차가 가와사키시川崎市 위생복지부 청소과에 등장했다[35]. 여기서는 도쿄도와 인접한 가와사키시를 살펴보자.

『진공청소차는 대단했다』에는 다음과 같은 내용이 있다.

> 만약 진공청소차가 없었다면 고도성장을 거듭하는 각 기업에서 일하는 샐러리맨들이 사는 아담한 단지, 사택, 공공주택, 그리고 밭 한가운데나 높은 언덕 위에 세워진 분양주택 등은 존재하지 않았을 것이다. 또한 상공인들의 공장과 집이 밀집한 주거환경도 변소가 넘쳐나서 존재할 수 없었을 것이다. 대량으로 배출되는 분뇨를 퍼내는 작업을 제때 하지 못해 집 안과 마을 전체가 오줌으로 뒤덮일 수밖에 없었기 때문이다. 그렇게 되면 도시에 집중된 사람들은 모두 지방으로 도망갔을 것이다. 경제학적으로 볼 때 일본의 고도성장은 일극 집중一極集中[36]을

---

35) 자세한 경위와 진공청소차가 분뇨처리에 기여한 역할에 대해서는 『나의 청소사』에 자세히 나와 있다. p38 각주 참고.
36) [역주]특정 지역에 인구나 정치·경제·문화 등의 기능이 과도하게 집중되어 있는 것을 말한다. 일본의 수도 도쿄는 일본 인구의 10% 이상이 집중된 과밀 도시이다. 주택·교통 등의 문제와 각종 공해 문제로 수도

통해 이뤄졌다. 그 일극 집중은 말하자면 진공청소기가 있었기 때문에 전후 반세기 동안 어떻게든 버텨낼 수 있었던 것이다[37].

들고 보니 그럴듯한 이야기다. 그 개발 비화, 기존 분뇨 수거 업체와의 갈등, 도입 초기의 다양한 트러블 등의 에피소드는 모두 흥미롭다. 그중에서도 똥에 대한 우리의 인식과 관련된 몇 가지 사건을 소개하고자 한다.

진공청소차는 오늘날 하수도가 보급된 지역에서는 거의 볼 수 없게 됐지만 내가 어렸던 1980년대에는 꽤나 일상적인 풍경이었다. 하지만 진공청소차가 도입된 지 얼마 되지 않았을 때는 희귀한 자동차를 보기 위해 아이부터 어른까지 몰려들어 인산인해를 이뤘다고 하니 새로운 분뇨 처리 기술 도입에 대한 사람들의 관심이 얼마나 컸는지 알 수 있다[38].

자동차가 각 가정에 보급되는 마이카 시대와는 거리가 멀었던 시절, 청소차 운전자와 작업자들은 자신들이 선발된 '파일럿'이라는 자부심을 가지고 일했다. 가와사키 시내 다섯 곳의 청소 작업장의 진공청소차는 1954년 기준으로 무려 100대에 달했다[39]. 손수레와 진공청소차에 의한 작업 비율도 다음 표처럼 변화하여 1950년대 중반에는 80% 이상이 진공청소차에

이전을 포함한 다양한 집중 해소 방안을 통해 다극 분산형 국가 건설이 검토되고 있다.

37) 『진공청소차는 대단했다』 3쪽. p46 각주 참고.
38) 『진공청소차는 대단했다』 61쪽. p46 각주 참고.
39) 『진공청소차는 대단했다』 72쪽. p46 각주 참고.

의해 수거되고 있었다.

가와사키시의 분뇨처리경비 추이

시기	수작업 시기			이행기			진공차 작업 시기		
연도	1949	1950	1951	1952	1953	1954	1955	1956	1957
수작업(엔)	176	183	185	187	183	190	191	208	234
진공차작업(엔)				145	143	130	105	96	87
평균(엔)				171	161	150	122	114	104
수작업(%)				64	40	33	20	16	12
진공차(%)				38	60	67	80	84	88

1 진공차 작업 경비에는 기자재 구입비 포함, 고용년수도 6년으로 계산. 수집운반 시의 석당 경비이며 기타 최종처리비는 석당 33엔18전. 1석은 180ℓ.

* 출처 : 구도 쇼하치『나의 청소사』자비출판(비매품), 1987년, 265쪽

6.13 청소 행정은 고유 행정

훗날 일본 전역에 보급되는 세계 최초의 소형 진공차가 가와사키시 위생복지부 청소과에 등장한 데는 이유가 있었다. GHQ의 청소 행정에 대한 지원을 배경으로 일본 정부는 1949년 봄 내각 자원조사회에 새로운 청소의 모습을 자문했다. 이에 따라 동 조사회는 효율적인 분뇨 처리 방법으로 우선 진공청소차를 개발하게 되었다. 여기서 개발된 진공차를 채택하기 위해 후생성과 자원조사회는 먼저 도쿄도에 문의했지만 거절당했다.

다음으로 오사카시에 타진했지만 역시 거절당했다. 그리고 그것이 가와사키시로 넘어온 것이다.

가와사키시는 국가에서 보내온 설계도를 검토하고 개선하여 도입하고자 이 의뢰를 수락했다. 이를 위해 검토회에 참석하고 후에 가와사키시의 청소 행정을 담당하게 된 구도 쇼하치는 자비출판으로 펴낸 『나의 청소사』에서 전후의 청소사를 되돌아보며 다음과 같이 말한다.

> '지방 시대'라는 것은 기초단체市町村가 중심이 되는 것을 가리키는 데 청소 행정은 고유 행정이기 때문에 지방 시대를 한발 앞서서 시작한 일이라고 생각합니다[40].

진공청소차를 개량해 도입하기로 결정한 당시 가와사키시의 사례는 바로 지역 고유 행정의 특징을 살린 것으로 도쿄나 오사카라는 대도시에 앞서 독자적인 조직과 기술을 전개해 나간 것은 주목할 만하다.

가와사키시 위생부장은 도쿄 수의학교와 주오대학교 법학부를 졸업하고 당시 가와사키시 경제부 과장이었던 구도에게 '자네는 자연과학과 인문과학을 이해할 수 있으니 내가 그리는 새로운 공중위생 행정을 확립하는 데 딱 맞는 학력이다'라며 청소 행정을 맡아 달라고 간청했다고 한다. 이것이 인연이 되어 구도는 이후 약 40년간 가와사키시의 청소 행정을 담당하게 되었다.

---

[40] 『나의 청소사』 485쪽. p38 각주 참고.

제6장 사라지는 똥의 가치

그는 청소 행정이야말로 대학을 졸업한 다양한 분야에 정통한 직원이 필요하다고 주장하여 청소 행정에 대졸자를 채용한 것도 가와사키시가 일본 최초였다. 기술자 수가 전국에서 가장 많았던 시기도 오래 지속되었다. 가와사키시는 전후 청소 행정의 선두주자였다고 해도 과언이 아니다.

대규모 정화조가 정비되기 전 가와사키시에서는 산간 지역에 분뇨를 버리는 것만은 피하고자 해안의 모래밭에 큰 구멍을 파서 매립하는 '모래땅 처리'를 시도했고 그 후 1953년부터는 '해양투기'로 전환했다. 후생성 환경위생국장과 국회의원이 시찰을 왔을 때 구도는 이러한 처리는 본의가 아니며 국가는 청소시설의 정비를 위해 법을 만들고 현행법을 개정하는 등 시설 정비를 위한 보조제도를 도입해야 한다고 주장했다.

당시에는 아직 1900년에 제정된 '오물청소법'이 그대로 적용되고 있어 현 상황에 대응하기에는 무리가 있었던 만큼 가와사키시의 호소가 이 법 개정의 계기가 되었다. 어려운 도시 간 주장의 조정과 여러 가지 사연이 있었지만 메이지 시대 이후 이어져 온 '오물청소법'이 1954년 폐지되고 새로운 '청소법'이 단독법으로 성립, 시행되었다. 이후 대기오염방지법·매연방지법·수질오염방지법 등 환경위생 관련 법 제도의 정비가 진행되었다. 청소법 시행 후 일본환경위생협회(현 일본환경위생센터)가 창립되고 분뇨처리분과와 쓰레기처리분과 두 개의 분과가 설치되면서 청소 행정은 크게 발전하게 된다.

현재 일본환경위생센터 총국은 가와사키시에 위치하고 있

다. 이는 지금까지의 과정을 보면 가와사키시가 실천한 고유 행정으로서의 청소 행정이 일본의 청소 행정을 견인해왔다는 증거라고 할 수 있을 것이다.

6.14 사회적 지위 제로였던 화장실 벽에 그림을 그리다

각 지방행정 현장에서 이러한 오수처리 법 정비와 기술 개발이 진행되는 동안 도시의 화장실 현장에서는 어떤 일들이 벌어지고 있었을까?

도쿄올림픽이 열리던 해에 고등학교 2학년이었던 마쓰나가 하쓰코松永はつ子는 '화장실 벽화 디자이너'로서 유치원·주택·커피숍·마작 가게 그리고 국철역 화장실의 삭막한 벽에 싱그러운 나무와 새 그림을 그리며 상쾌한 바람을 불어넣은 사람이다. 때는 마침 고도경제성장기, 마쓰나가 말대로 당시 화장실은 '사회적 지위 제로'의 존재였다. 하비로서의 가치가 사라지자 똥은 더 이상 쓸모없는 물건, 아무도 돌아보지 않는 골칫거리로 전락해버렸다. 따라서 그것을 쾌설하는 화장실 역시 사회에서는 가장 낮은 지위에 놓이게 된 것이다.

그녀는 그런 세상 속에서 다음과 같은 마음에서 공중화장실을 겸하고 있던 '국철 화장실'에 벽화를 그리는 꿈을 품게 된다.

> 최근 공중화장실은 여성과 아이들이 안심하고 이용할 수 있는 곳이 아니라 어둡고 음습하고 음침하고 범죄도 많아지고 무서운 곳으로 변해가고 있다. 우리 여성들이 가급적 피하고 싶은 곳이 공중화장실이고 '국철 화장실'

제 6 장 사라지는 똥의 가치

은 그야말로 어둡고 지저분한 공중화장실의 대명사처럼 여겨지고 있는 것이다[41].

마침 국철에서는 더럽고 지저분하고 어두운 이미지의 화장실의 악명을 떨쳐버리기 위해 '클린 화장실 프로젝트팀'을 조직한 지 얼마 되지 않은 시점이었다. 의뢰는 당연히 마쓰나가에게 날아들었다.

국철 화장실 벽화 1호는 요코하마橫浜역으로 1981년 12월에 착공했다. '갈매기를 날려주세요'라는 것이 국철의 유일한 요청이었다고 한다. 이어 두 번째는 오차노미즈御茶ノ水역의 오차노미즈교 입구 화장실 벽에도 나무와 새 그림이 그려졌다.

개보수 전에는 낙서로 가득했던 두 역의 화장실도 벽화를 그린 후 악의적인 낙서가 급감했다고 한다. 하지만 그림의 일부에 낙서를 하는 경우도 있었다. 마쓰나가 씨가 기뻐한 것은 다음과 같은 낙서였다.

> 이것이 그 유명한 오차노미즈역 벽화 화장실, 시골 정취, 보람이 있으니 똥도 시원하게 잘 나온다[42]!

벽에 그려진 나무와 식물, 새들에 둘러싸여 도시 한복판에 있으면서도 마치 고향의 자연 속에서 똥을 누고 있는 듯한 느낌을 받을 수 있다는 의미일 것이다. 바꾸어 말하자면 당시 도

---

41) 마쓰나가 하쓰코(松永はつ子)『화장실 아가씨 분전기(トイレットお嬢さん奮戦記)』主婦と生活社, 1983, 154쪽.
42)『화장실 아가씨 분전기』190쪽.

시에서는 그런 기분으로 볼일을 보는 경우는 더 이상 찾아보기 힘들었고 다음에서 언급하겠지만 사람들의 스트레스가 똥으로 표출되는 상황까지 이르렀다.

6.15 똥에서 본 사회의 단면

화장실에 그림을 그리는 동안 마쓰나가는 도쿄의 다양한 장소에서 똥과 사회의 관계를 생각하게 된다. 남자 화장실과 여자 화장실 사이의 벽이 천장까지 닿지 않았던 오차노미즈역 화장실에서는 다음과 같은 사실을 발견했다.

> 여자 화장실에서 작업하는 동안 우리를 덮친 것은 북풍의 추위와 더불어 벽 너머 남자 화장실에서 날아오는 생생한 냄새였습니다. 물론 냄새와 함께 소리도 제대로 이쪽에서 전해져 오는 것입니다.
>
> …
>
> 그것이 아침부터 저녁까지 끊이지 않으니 역시나 저도 코를 막고 작업합니다.
>
> …
>
> 냄새와 소리의 너무도 강렬한 습격에 지친 스태프들 사이에서는 어느덧 웃지 못할 상황 분석이 시작됐습니다.
> '이러니저러니 해도 이렇게 지저분하고 냄새가 나는 건 어떤 이유에서일까요?'
> '참고 참은 결과가 아닐까요……'
> 저는 도시생활의 스트레스가 아닐까 생각했습니다. 스트레스가 쌓이면 위장이 가장 먼저 타격을 입습니다. 여

자화장실에서는 거의 볼 수 없었던 현상이 왠지 남자화장실에서는 아침부터 하루종일 끊이지 않는 것입니다. 이 바쁜 사회에서 남성들이 일벌처럼 일하는 상황을 말해주는 것 같아 뭔가 답답하단 생각이 들기도 합니다.

아침 출근 시간대 남자 화장실은 항상 만원이라 여자 화장실을 일부 개방한다는 역장이 처음 들은 것은 '소'가 아닌 '대'였습니다[43].

6.16 초고도 수세식 화장실의 시대—'엉덩이도 씻어주세요'

요코하마역과 오차노미즈역의 벽화 화장실이 완성된 1981년 말, 해가 바뀌자 '엉덩이도 씻어주세요'라는 카피의 TOTO 광고가 화제가 되었다. 온수 세척 변기, 이른바 '비데'의 등장이다. 이후 온수 세척 변기의 보급률은 점차 높아져 초고도 수세식 변기 시대가 도래했다. 양변기를 사용하던 시절처럼 남의 똥을 보는 일이 없어졌고 심지어 물속에 가라앉는 자신의 똥을 직접 보는 일도 줄어들었다. 게다가 화장지 너머로 느껴지는 똥의 양은 현저히 줄어들었다. 그리고 우리가 자신의 똥 냄새를 느낄 기회도 줄어들었다.

이러한 화장실의 기술 혁신에 앞서 하수처리 기술에도 다량의 전력을 사용할 수 있게 되면서 활성오니법이 보편화되었다. 또한 기존 하수처리장에서 제거할 수 없었던 질소나 인을 박테리아를 통해 제거하는 '고도처리'라는 기술도 확립되었다.

---

[43] [역주] 소변이 아니라 대변 볼 곳이 필요하다는 뜻. 『화장실 아가씨 분전기』 184~185쪽.

이러한 처리 후 소독을 위해 염소가 투입되어 '물'로 방류되기 시작했다. 오늘날에는 자외선을 이용한 소독법 등도 시도되고 있다.

앞서 말했듯이 1970년 하수도법이 일부 개정되어 '공공용 수역의 수질 보전'이 목적에 추가된 이후 현재에 이르는 하수도 시스템이 꾸준히 정비되어 왔다[44]. 그 결과 1978년 7월 29일 17년 만에 료고쿠 불꽃놀이가 스미다가와 불꽃놀이로 명칭을 바꾸어 부활하였고 드디어 와세다·게이오대학간 보트레이스도 도쿄에 다시 돌아왔다[45].

6.17 제균·항균·멸균·무균—똥이여 안녕

하수처리장에서 발생하는 오니汚泥(슬러지)는 중유로 소각하여 재로 만들면 부피를 줄일 수 있다. 이는 매립에 이용되어 바다에 버려져 왔지만 건조된 슬러지를 퇴비로 재사용하는 또 다른 방법도 기술적으로 불가능하지 않다.

도쿄도에서도 슬러지를 자원화하기 위해 1974년 이후 슬러지 자원화 실험이 시작되었다. 1976년부터 '퇴비 조사 연구 프로젝트팀'에 의한 검토가 시작되었고, 1980년에는 미나미타마南多摩 처리장 내에 하루 2~3톤의 퇴비를 생산하는 공장이 가동되어 '미나미타마 오데이おでい 석회 처리 비료'라는 상품

---

44) 국토교통성 홈페이지「하수도 자료실」(2020년 3월 11일 접속)
45)『하수도 도쿄 백년사』259쪽. p160 각주 참고.

제 6 장 사라지는 똥의 가치

명으로 농협을 통해 판매되기 시작했다[46]. 그 외에도 '미야코 비료'라는 이름으로 유통되는 것도 있었다[47].

2020년 현재 이 비료는 판매되고 있지 않다. 슬러지를 퇴비로 재사용하려면 하수처리장에서 분해되지 않는 유해 화학물질이나 중금속류가 하수에 섞이지 않았다는 보장이 있어야 한다. 하지만 현재로서는 그것이 어려운 상황이기 때문이다.

과거 분뇨를 거름으로 이용하던 시절에 비해 우리가 먹는 것, 화장실이나 부엌에서 하수구로 버리는 것들에는 다양한 물질이 섞여 나오게 되었다. 우리의 일상을 돌아보면 거기에 원인이 있음을 알 수 있다. 즉, 우리의 생활이 편리해지면 편리해질수록 재사용이 어려운 슬러지만 계속 늘어나게 되는 것이다. 오늘날 똥은 '오물'로 명명된 후 분해되어 무해화되어도 '슬러지'로 불리며 '오물'의 이미지는 지워지지 않는다.

도쿄도 수도국 홈페이지를 보면 오늘날 슬러지는 더 이상 '비료'로써 농지에 환원되지 않고 시멘트 혼화제, 경량 콘크리트 건축자재, 시멘트-아스팔트 원료로 재사용되며 일부는 옥상녹화용 토양 재료로 사용되고 있음을 알 수 있다. 그러나 똥이 예전처럼 농지로 돌아가지 않게 된 것은 똥이 '더럽기' 때문이 아니라 우리 스스로가 똥에 포함된 물질을 변화시켜

---

46) 『하수도 도쿄 백년사』 273~274쪽. p160 각주 참고.
47) 분뇨·하수연구회(屎尿·下水研究会) 편 『화장실 – 배설의 공간에서 본 일본의 문화와 역사(トイレ — 排泄の空間から見る日本の文化と歴史)』 ミネルヴァ書房, 2016.

왔기 때문이다. 그리고 편리한 생활에 익숙해진 우리는 똥을 외면하게 되었고 똥이 어디로 가는지 지켜보고 상상하는 것을 잊어버렸다.

무한히 제균·항균·멸균·무균에 가까워지는 세상을 지향하며 똥과 결별하려는 우리는 그러나 실은 지금도 세균의 끊임없는 분해 활동이 우리가 똥을 계속 싸는 세상에 살 수 있게 해준다는 사실을 알지 못하고 있다[48].

---

48) David R. Montgomery, Anne Biklé *The Hidden Half of Nature: The Microbial Roots of Life and Health* / 片岡夏実訳『土と内臓』築地書館, 2016 에서는 음식과 농업을 포함한 흥미로운 논의가 이루어지고 있다.

제 7 장

화장지 이전 · 화장지 이후

엉덩이 닦는 방법과 경제성장

7.1 화장지 광시곡 1973 & 2020

기억에 새롭달까 얼마 전 일본에서 화장지를 둘러싼 사회현상이 일어났다. 코로나19 바이러스 대책으로 마스크 품절 사태에 이어 화장지를 사려는 사람이 급증하면서 일시적으로 매장에서 화장지가 사라져 버린 것이다. '재고가 충분하다'는 제지회사와 마트 측의 안내가 있었지만 아마도 많은 사람들이 심각하게 상상했을 '화장지가 세상에서 사라질지도 모른다'는 불안감을 쉽게 떨쳐버릴 수 없었다.

이 상황에 기시감이 드는 사람도 있을 것이다. 왜냐하면 이것은 일본에서 두 번째로 일어난 화장지 대란이기 때문이다.

첫 번째는 1973년 오일쇼크 때였다. 제4차 중동전쟁을 배경으로 1973년 10월 유가가 70% 인상된 지 3일 후 당시 다나카 가쿠에이田中角栄 내각의 나카소네 야스히로中曽根康弘 통상산업부 장관이 '종이 절약 호소문'을 발표했다. 이를 계기로 '화장지가 없어진다'라는 소문이 퍼져나갔고 사람들은 화장지를 구하기 위해 분주하게 움직였다. 이 무렵 오사카에 새로 이사 온 부모님께 여쭤보니 실제로 화장지를 사러 갔다고 한다. 아버지는 '화장지'만을 사려고 줄을 선 것은 그 이후에도 그 이전에도 그때뿐이라고 하셨다.

7.2 그래도 엉덩이는 '종이'로 닦고 싶다

오일쇼크가 당시 여러 가지 측면에서 경제에 영향을 미친 것은 틀림없지만 왜 유독 '화장지'만 사라질 거라며 호들갑을 떨었는지는 지금 생각해보면 신기할 따름이다. 애초에 화장지의 원료에 '석유'는 들어가지 않는다. 알고보니 제조한 종이를 건조시킬 때 온풍을 만들기 위해 석유 에너지가 사용되었다고 한다. 하지만 아마도 많은 사람들이 화장지 제조 과정을 떠올리며 공포에 휩싸인 것은 아닐 것이다.

많은 이들이 종이 부족 사태에서 화장지 부족을 먼저 떠올린 배경에는 '똥을 못 닦으면 어쩌지!' 하는 단순한 불안감이 있었기 때문이 아니었을까. 1973년 수세식 변소 보급률은 약 38% 정도였지만 양수식 변소에서도 휴지나 화장지 등을 사용해 '종이'로 엉덩이를 닦는 것이 당연시되는 사회가 되었다. 그

점에서는 1973년이나 2000년이나 공통점이 있다.

이번 소동을 통해 내가 다시 한번 놀란 것은 오일쇼크를 겪은 약 반세기 동안 화장실과 하수처리 기술이 이토록 발전했는데도 우리는 여전히 '똥은 종이로 닦는 것'이라고 믿어 의심하지 않고 살아가고 있다는 것이다. '엉덩이도 씻어주세요'라며 초고도 수세식 변기를 손에 넣은 현대에도 여전히 '그래도 엉덩이는 '종이'로 닦고 싶다' 라는 것이다. 하지만 엉덩이를 종이로 닦을 수 없게 되면 그렇게 큰 문제가 될까?

그런 생각을 하면서 이번 기회에 '인간은 왜 엉덩이를 닦아왔는지', 종이로 닦기 전의 일, 종이로 닦지 않는 세계 곳곳의 일들을 조사해 보기로 했다.

7.3 화장지 이전—똥과 풍토

일본어사전에는 변소에서 쓰는 종이를 '오토시가미^{落し紙}'라고 적고 있다. '기요메가미^{清紙}'라고도 한다고 한다. 여기서 '종이^紙'에는 납작한 형태의 '휴지^{ちり紙}'와 롤 형태의 '화장지'가 포함된다. 1980년대에 조부모님 댁에서는 평평한 형태의 휴지를 사용했는데 어린 시절 나는 그곳에서 롤 형태가 아닌 다른 종이가 있다는 것을 처음 알았다.

그렇다면 휴지나 화장지 등의 '오토시가미'가 탄생하기 전에 사람들은 어떻게 엉덩이를 닦았을까? 일본 각지를 돌아다니며 듣고 수집하여 '화장지 이전'의 세계를 기록한 사이토 다마의

제 7 장 화장지 이전·화장지 이후

민속지『화장지 이전』을 참고해보자.

식물의 잎·껍질·줄기·나무 조각·해초·밧줄 등 지역의 지형, 식생, 산업 등과 연관되어 그 세계는 놀라울 정도로 다양하다. 또한 주로 식물을 이용하기 때문에 계절성도 있다. 그중에서도 꽤 많은 지역에서 자주 사용되는 식물은 '머위蕗'이다. 그 설명을 일부 소개하고자 한다.

> …바람직한 조건은 우선 크기가 크고, (엉덩이에) 닿는 곳이 부드럽고, 사용하기 쉽고, 많이 있고, 쉽게 채취할 수 있고, 가까이 있는 것일 것이다. 머위는 그 모든 조건을 충족한다. 얼굴을 덮고도 남을 만큼의 크기, 양가죽처럼 부드럽다는 것은 이미 언급한 바 있다. 특히 잎 뒷면에 촘촘한 잔털이 있어 하루 이틀만 말리면 생기가 사라지는 대신해 이것이 뒷면을 채운다.
>
> 시골에 사는 사람이라면 누구나 알고 있겠지만 머위는 어디에나 있다. 머위는 여자아이들이 서로 경쟁적으로 뜯어먹고 다닌다. 그 손을 피한 몇 그루가 정강이 높이로 솟아오를 즈음 발밑에 콩나물대가리를 흩뿌린 것처럼 어린잎이 솟구쳐 나와 마침내 둑을 뒤덮는다. …
>
> 더 다행인 것은 이것은 따도 따도 나중에 또 나온다는 것이다. …
>
> 이런 일 때문에 머위 잎은 어디서나 화장지로 취급된다. 누구에게 물어봐도 제일 먼저 머위 잎이 나오는 것이다[1].

---

1) 사이토 다마(斎藤たま)『화장지 이전(落し紙以前)』論創社, 2005, 95~96쪽.

언어학자 긴다이치 교스케金田一京助가 '닦음吹き(후키)'이라는 말은 식물인 '머위蕗(후키)'에서 유래했다고 설명한 것도 흥미롭다[2].

7.4 똥과 계절의 정취

머위 못지않게 자주 쓰였던 것이 바로 칡잎이다. 머위가 마을 근처에서 번성하는 반면 칡은 마을에서 조금 떨어진 곳에서 대량으로 번성한다.

번성하는 계절의 차이로 인해 머위 잎은 여름에, 칡잎은 겨울에 사용한다. 칡은 한 그루에서 긴 덩굴이 여러 개 나고 거기에 잎이 또 여러 장씩 나기 때문에 머위보다 더 많은 양의 잎을 채취할 수 있다. 칡잎은 10월이나 11월의 습기가 많은 시기에 채취한다. 북풍이 부는 건조한 날보다는 남풍이 부는 촉촉한 날에 채취해야 잎이 찢어지지 않기 때문이다.

칡잎은 일본 도호쿠 지방에서는 '쿠조파クゾっぱ, 葛葉'라고 불리며 소와 말의 사료로 쓰기 위해 대대적으로 베는 연중행사가 있다. 겨우내 짚과 함께 잘게 썰어서 사용한다. 이러한 관계 때문인지 도호쿠 일부 지역에서는 다음과 같은 단어에서 알 수 있듯 칡잎을 화장지로 사용하지 않는 곳도 있었다고 한다.

쿠조파는 신이 타고 내려왔다는 말이 있다. 시골 아버

---

[2] 니시오카 히데오(西岡秀雄)『화장지의 문화지―인분지리학 입문(トイレットペーパーの文化誌 ―人糞地理学入門)』論創社, 1987, 26쪽.

지는 아까워서 엉덩이를 닦는 데는 절대로 쓰지 못하게
했다. 말에게 주기 위해 쿠조파를 벤다. 베어낸 것을
둥글게 말려서 옮긴다.

엉덩이 닦는 용도로 쓰던 것이 삼베와 가야, 쿠조파다.
하지만 쿠조파는 소나 말의 사료였기 때문에 많이 쓰이
지는 않았다[3].

『화장지 이전』의 저자 사이토는 이 '쿠조파/쿠소하クゾっ葉'
는 '똥잎糞葉(쿠소파)'이 변한 것일지도 모른다는 추론을 전개
하고 있다. 『이즈제도 민속고[4]』에 섬에서 엉덩이를 닦는 데
쓰이는 산수국ガクアジサイ을 미야케지마三宅島에서는 '쿠소시바'
라고 부르는 것을 참고하면 머위가 '닦다'와 의미가 이어지듯
칡은 '똥'과 의미가 이어진다고 보는 것도 그리 틀린 말은 아닐
것 같다.

또 하나 '모구'라 불리는 해조류에 대한 기록도 인상적이다.

"지난번에도 말야. 가사노笠野의 가네코와 이야기하다가
옛날에는 모구를 말려서 엉덩이 닦는 데 썼다고 하길래
웃었거든."

나로선 처음 듣는 모구라는 말에 놀라서 어떤 거냐고
물었지만 바다에서 나는 해초 같다는 것 외에는 잘 모르
겠다.

…

---

3) 『화장지 이전』 103쪽. p180 각주 참고.
4) 사카구치 가즈오(坂口一雄) 『이즈제도 민속고(伊豆諸島民俗考)』未
 来社, 1980

모구는 여름에 물 밖으로 드러나면 채취한다. 양손으로 잡아당기면 잘게 찢어진다. 자라는 모양이 두꺼운 곳도 있고 얇은 곳도 있다. 채취하면 거룻배田舟에 싣고 뭍으로 운반해 풀밭에 말려야 해서 날씨가 좋은 날을 골라 작업한다. 모구의 길이는 1미터 정도. 잘라둔 건 3척[5] 정도. 다 마르면 큰 묶음으로 만들어서 한곳에 둥글게 쌓아둔다. 강에 들어가서 채취하는 것은 주로 남자들이 하고 일손이 부족한 곳에서는 여자들도 한다. ...변소에서 쓰고 난 것은 모아두었다가 태웠다. 모구 말고도 짚도 비벼서 썼다.

...

가느다란 것은 1~2밀리미터, 굵은 것은 5밀리미터 정도도 있다. 가는 게 폭신폭신하고 닿는 느낌이 좋다. 볏짚을 쓰는 이유는 비료로도 쓸 수 있기 때문이라고 했다[6].

 수확하는 계절이 있고 잘 자라는 특정 장소가 있고 촉감의 차이가 있고 그것을 모아서 사용할 수 있도록 하기까지의 작업 분담과 절차가 있고 일상적인 생업의 행위 속에 녹아 있는 위치가 있다. 약국에서 화장지를 사는 느낌과는 전혀 다른 세상의 풍경에 나는 숨을 죽였다.

 돈을 내고 화장지를 구하는 것보다 더 많은 시간과 노력이 필요한 이 행위를 어떻게 의미화할 수 있을까. 자칫 '불편하다', '귀찮다' 그리고 '지저분하다'라고 설명할 수도 있겠지만 하나

---

5) [역주] 1척(尺)은 23cm.
6) 『화장지 이전』 22~30쪽. p180 각주 참고.

제7장 화장지 이전·화장지 이후

하나의 이야기에서 계절의 정취와 풍토에 뿌리를 두고 살아가는 안정감이 확실히 느껴진다.

똥을 닦는 일에 계절의 정취가 관여할 줄은 생각지도 못했다. 화장지가 없어지면 어쩌면 다시 한번 그런 세계에 눈을 뜨게 될지도 모른다는 생각에 불안은 사라지고 오히려 즐거워지지 않을까.

7.5 나가노현 엉덩이 닦기 지도

첫 번째 화장지 파동이 일어난 1973년 10월로부터 약 6개월 후인 1974년 5월『시나노지信濃路』라는 잡지에 흥미로운 논문이 실렸다. 집필자는 당시 신슈대학 문학과 교수였던 마세 요시오로 그 내용은 화장지 이전의 세계에 대한 조사였다[7]. '옛날에는 변소에서 종이를 사용하지 않고 다른 물건을 사용한 곳이 많은 것 같습니다. 여기서는 무엇을 사용했습니까? 언제까지 사용했을까요? 그리고 그것을 무엇이라고 불렀습니까?'라는 질문 조사를 나가노현長野県 내 50개 이상의 지점에서 실시한 결과를 두 장의 지도에 정리했다. 말하자면「나가노현 엉덩이 닦기 지도」라고 할 수 있겠다[8].

---

7) 마세 요시오(馬瀬良雄)「더러운 이야기라 죄송합니다만(きたない話で恐縮ですが……)」『信濃路』三, 1974, 108~112쪽.
8) [역주] 지도에 보이는 아사가라(학명: Pterostyrax, 일본명: アサガラ, 麻殻)는 마가목과의 속 중 하나로 낙엽성 관목 또는 고목. 잎은 단엽으로 어긋나며 가장자리에 톱니가 있고 잎자루가 있다. 한국에서는 '나래쪽동백'이라 부르며 조경수로 이용한다.

7.5 나가노현 엉덩이 닦기 지도

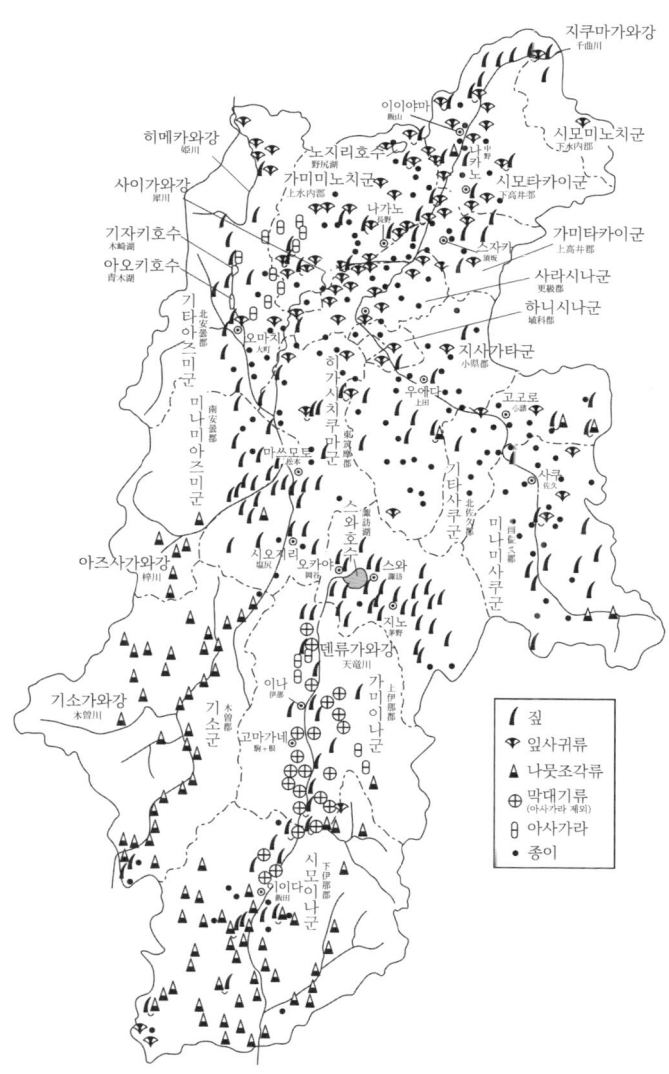

그림 7.1 나가노현의 엉덩이 닦기 도구
출처 :「더러운 이야기라 죄송합니다만……」108~112쪽

제7장 화장지 이전·화장지 이후

 조사에 따르면 나가노현에는 '볏짚 지역', '잎사귀 지역', '나뭇조각 지역', '막대기 지역', '종이 지역'으로 나뉘어 뚜렷한 분포를 보이고 있다. 볏짚 지역은 벼농사가 활발한 평야 지역에 넓게 퍼져 있고 잎사귀 지역은 호쿠신北信과 주신中信 지역에 많다. 산촌이 많은 기소木曽와 이나伊那 남부는 나뭇조각 지역이다. 이곳에서는 식생활도 조나 수수 등을 주식으로 하는 경우가 많았기 때문에 똥도 지금보다 훨씬 수분이 부족한 것이었다고 한다. 그래서 '나뭇조각이 오히려 더 좋았다'라며 웃는 옛 어른들의 이야기가 기록되어 있는 것도 흥미롭다. 막대기 지역은 가미이나上伊那, 호쿠신 서부 산지부터 중부 북부에 걸쳐 있다. 가미이나에서는 뽕나무·조·수수·기장·마 등 다양한 막대를 사용하는 반면 호쿠신 서부 산지에서는 오로지 마 줄기를 사용한다. 이곳은 양질의 마 산지였다. 종이 지역은 제지업을 하는 지역이나 시가지에 산재해 있다.

 이러한 화장지 이외의 것을 사용한 것은 1910년대(메이지 말기)까지라는 응답이 가장 많았고 일부 지역에서 1920년대(쇼와 초기)까지 남아있었다. 그러나 종전 후까지 사용한 사례는 거의 없었다. 마세 씨에 따르면 이는 화장지의 탄생뿐만 아니라 식생활의 변화와도 깊은 관련이 있으며 종이 이외의 사용을 불가능하게 만드는 데에 박차를 가했을 것이라고 한다.

 내 상상일 뿐이지만 마세의 논문은 화장지 대란을 목격한 것을 계기로 종이가 없어지기 전의 세계로 눈을 돌리려는 노력의 결과로 쓰여진 것 같다. 사실 이 논문의 다음 페이지에는

7.5 나가노현 엉덩이 닦기 지도

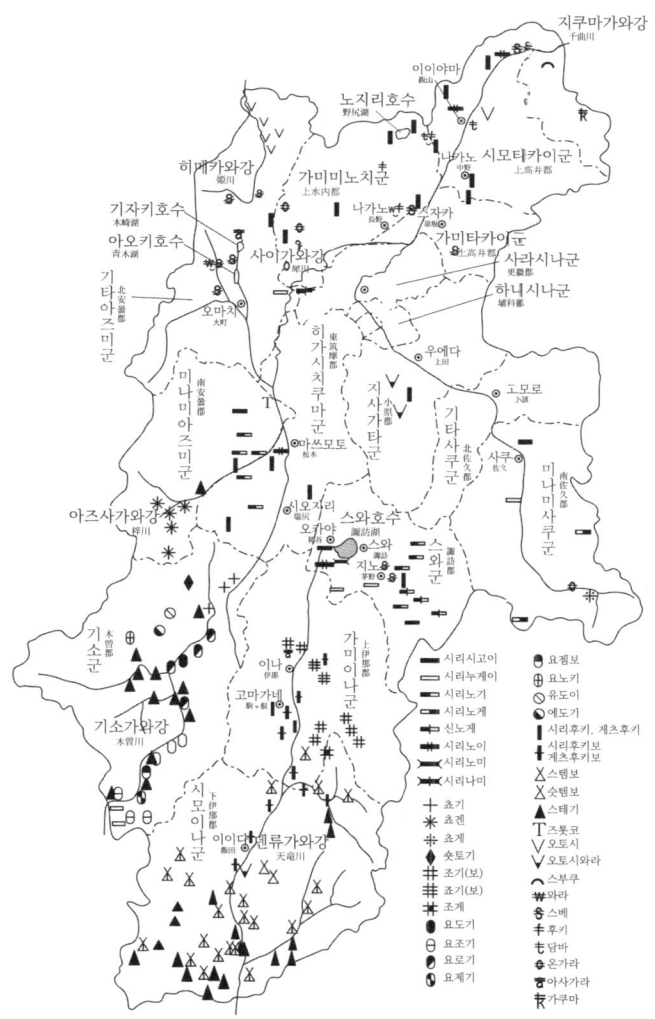

그림 7.2 나가노현 엉덩이 닦기 도구의 명칭

지리학자였던 이치카와 다케오 도쿄가쿠게이^{学芸}대학 교수가 「숫자로 본 화장실 생각[9]」이라는 제목으로 화장실과 하수도 및 분뇨 처리에 대한 나가노현 및 국제 비교 조사를 기고하고 있다. 또한 동 논문집의 말미에는 '최근 종이 사정으로 인해 부득이하게 종이의 질을 변경했습니다'라고 적혀 있다. 이 시기의 두 논문 발표는 역시 우연이 아니라 유머를 곁들인 사회에 대한 경종이 아니었나 하는 생각이 은근히 든다.

7.6 화장지 이전의 해외 사정

화장지가 아닌 다른 것을 사용한 사례는 일본 각지에만 국한되지 않고 세계 각지에서도 비슷하게 볼 수 있다. 전 세계의 화장지를 모아 분석해 '인분지리학^{人糞地理学}'을 주창한 니시오카 히데오에 따르면 미국의 콘 벨트 지역(옥수수 대량 생산지대)에서는 전후에도 화장실에 가면 플라스틱 바구니에 옥수수 수염이 가득 들어 있는 광경을 볼 수 있었다고 한다. 종이 대신 옥수수 수염을 사용했던 것이다.

태국의 수상가옥에는 가옥이 세워진 뗏목의 한 귀퉁이에 간이 화장실이 있다. 바닥에 뚫린 구멍을 통해 수면을 들여다보면 놀랍도록 많은 강물고기들이 모여 있다. 니시오카가 똥을 떨어뜨리자 수면 근처로 떨어지기 직전에 힘센 물고기들이 옆에서 뛰어올라 경쟁적으로 똥을 차지하기 위해 달려들더라고

---

[9] 이치카와 다케오(市川健夫)「숫자로 본 화장실 생각(数字から見たトイレット考 — まことにくさい話)」『信濃路』三, 1974, 113~115쪽.

했다.

인도, 인도네시아 등에서는 도시나 상류층 주택에서는 수입된 외국산 화장지를 사용할 때도 시골이나 빈민가에서는 대부분 손가락과 물을 사용했다. 철제 손잡이가 달린 빈 깡통에 물을 담아 가져와 손가락으로 닦은 후 그 물로 손을 씻고 처리하는 것이다. 일반적으로 왼손 손가락을 사용하기 때문에 왼손은 '부정한 손'으로 여겨진다.

사우디아라비아 등 사막지대에서는 손가락과 모래를 사용한다. 대도시의 호텔 등을 제외하고 사막에서는 모래 위에 쪼그리고 앉아 용변을 보고 끝나면 모래를 뿌린다. 손가락에 묻은 모래로 엉덩이를 닦으면 걷는 동안 자연스럽게 말라서 떨어진다. 손가락에 묻은 모래는 톡톡 털어내거나 가져온 물로 헹구면 된다. 이집트 등에서는 자갈을 사용하는 사람들도 있다.

일본에서 사용하던 새끼줄은 중국(황토 지대)이나 아프리카 국가(사바나 지대)에서도 사용된다. 나무 막대나 나무 조각은 중국에서도 사용된다.

7.7 아사쿠사지—에도의 화장지

다양한 엉덩이 닦는 소재와는 별개로 근세에는 서민들이 종이로 엉덩이를 닦기 시작한 것으로 알려져 있다. 에도에서는 '아사쿠사지浅草紙'가 유명하다. 투박하고 색은 쥐색이며 재생

제7장 화장지 이전·화장지 이후

지였기 때문에 글자가 읽을 수 있을 정도로 남아있거나 색이 들어가 있기도 한 종이였다[10].

현대의 종이는 짧은 섬유의 펄프로 만들어졌지만 에도 시대의 화지는 긴 식물 섬유로 만들어졌고 다른 첨가물도 없었기 때문에 헌 종이를 물에 담그고 두드려 빨고 짜서 재생지로 만드는 식의 '재활용漉き返し'이 쉬웠다. 이 때문에 각종 폐지를 모으는 '폐지 줍기'나 '폐지 사재기'라는 장사가 성행했다. 이렇게 모인 폐지를 섞어 재생된 '아사쿠사지'는 화장지ちり紙에서 인쇄용지까지 다양한 용도로 쓰였다[11]. 아사쿠사지는 1920년대까지도 이용되었다.

아사쿠사지는 말하자면 에도시대의 화장지로 활약한 탓에 현존하는 것이 드물어 실물을 보기는 어렵지만[12] 1920년대의 아사쿠사지는 데라다 도라히코의 단편소설「아사쿠사지浅草紙」를 통해 그 특징을 엿볼 수 있다.

> 문득 눈앞 가장자리에 한 장의 아사쿠사지가 떨어져 있는 것을 발견했다. 그것은 아직 새롭고 조금도 더러워지지 않은 상태였다. 나는 거의 무의식적으로 그 종이를 집어 들고 바라보다가 그 종이 위에 나타난 여러 가지 얼룩이 눈에 들어왔다.

---

10) 가미타니 스미코(神谷すみ子)『화장지 이야기(トイレットペーパーの話—再生紙使用が地球を救う)』静岡新聞社, 1995, 8쪽.
11) 이시카와 에이스케(石川英輔)『대에도 재활용 사정(大江戸リサイクル事情)』講談社文庫, 1997(1994), 317~318쪽.
12) 도쿄도 북구의「종이 박물관」에 소장되어 있다.

> 종이의 색은 칙칙한 쥐색으로, 마치 어린아이들이 수공예품에 사용하는 점토 같은 색이다. 한쪽 면은 매끄럽지만, 뒷면은 상당히 까슬까슬하고 거친 줄무늬가 눈에 띈다. 그러나 햇빛에 비춰보면 이것과는 또 다른 보다 세밀하고 규칙적인 띠 모양의 줄무늬가 보인다. …
>
> 가장 먼저 눈에 띄는 것은 빨강, 파랑, 보라 등 아름다운 색채를 띤 반점이다. …성냥 종이나 광고지, 여자아이들의 장난감으로 쓰이는 종이, 온갖 색종이들을 떠올리게 하는 조각들이 발견되었다[13].

근대로 넘어오면서 아사쿠사지 외에도 신문지나 잡지 등을 그대로 화장지로 사용하게 되었다.

7.8 일본의 화장지 제조

일본에서는 근대로 넘어오면서 요코하마, 고베 등 외국인 거주지나 호텔, 서양식 건축물 등에서 화장지 수요가 발생했다. 우선 아사쿠사지와 같은 휴지를 사용할 수밖에 없었지만 1897년경부터 대형 백화점 등이 화장지를 수입하기 시작한 것으로 추정된다. 그 후 1924년 고베시의 시마무라 상회島村商会의 주문에 따라 당시 도사제지회사土佐紙会社 게이보공장芸防工場이 생산한 것이 일본 화장지의 시초가 되었다[14].

---

[13] 데라다 도라히코(寺田寅彦)『전집(寺田寅彦全集 第三巻)』岩波書店, 1997(原文:1921).
[14] 『화장지 이야기』17~21쪽. 이하의 설명은 같은 책을 참조했다. p190 각주 참고.

종이와 함께 짚, 나뭇잎, 나뭇조각, 해초 등 다양한 것들이 엉덩이를 닦는 용도로 사용되던 상황에서 '종이'로 그 중심이 이동한 것은 주로 제2차 세계대전 이후였다. 2차 세계대전 이후 급속도로 화장지가 보급되었다.

전쟁 중과 종전 직후에는 제대로 된 화장지는 물론 휴지 조각도 부족해 신문지나 잡지를 사용했지만 전후에는 미군 주둔군의 보건위생 정책, 수세식 화장실, 하수도 보급과 맞물려 화장지 산업은 새롭게 부흥했다.

후지시富士市의 신바시제지新橋製紙가 세미 크레이프지가 부착된 백색 티슈를 판매하고 화장지 시제품 제작에도 성공하여 1949년 가을에는 미군 주둔군에도 납품하게 되었다. 이때의 폭 11.4cm라는 규격이 이후 표준이 되었다.

시즈오카현靜岡縣·에히메현愛媛縣·기후현岐阜縣·오이타현大分縣·홋카이도北海道 등지의 티슈 제조업체가 1955년경부터 화장지를 생산하기 시작하면서 지역 산업으로 발전해 나갔다.

이후 고성능 기계에 의한 대량 생산 체제로 전환한다. 일본에서 판매되고 있는 '스카티'라는 제품은 원래 1960년대에 당시 산요펄프와 앞서 언급한 것처럼 미국의 스콧 페이퍼 컴퍼니가 설립한 합작회사(산요스콧)에서 그 기원을 찾을 수 있다. 주조 킴벌리十条キンバリー도 '크리넥스'를 생산하기 시작했고 이 두 회사는 티슈 페이퍼 생산에도 착수했다. 1971년에는 오지제지王子製紙 역시 화장지 생산에 뛰어들어 '네피아'의 판매량을 늘렸다.

이렇듯 화장지 생산량은 계속 증가하여 기카이스키일본종이연합회機械すき和紙連合会의 통계에 따르면[15] 1977년에 화장지 생산량이 티슈 생산량을 추월하여 화장지 생산량이 더 많아졌다. 따라서 화장지 파동 당시에는 여전히 전체적으로는 티슈가 더 많았던 셈이다. 하지만 이후 화장지의 보급은 빠르게 진행되어 2020년 현재 일본에서는 화장지를 사용하지 않는 사람은 거의 없을 것이다.

이러한 생산 체제, 기술 혁신 속에서 일본의 화장지는 다양화되었고 흰색으로 승부하던 시대에서 색상·향기·무늬·촉감·두께 등이 각양각색인 화장지의 춘추전국시대가 열렸다. 현재는 그 연장선상에 있는 셈이다.

그런데 애초에 롤형 화장지는 언제, 어디서 발명된 것일까? 로널드 H. 블루머의 『닦기』에 따르면 1871년 미국 뉴욕의 한 회사가 롤형 화장지를 개발했다는 기록이 있다[16]. 얼마 지나지 않아 휴지 조각에 철취선을 뚫는 기술도 개발되었고[17] 휴지 홀더도 개발되었다. 미국에서는 일본보다 빠른 1930년대부터 화장지가 보급되기 시작했고 이후 급격히 판매량이 증가했다.

---

15) 『화장지 이야기』 15쪽. p190 각주 참고.
16) Ronald H. Blumer, *Wiped : The Curious History of Toilet Paper*, Middlemarch Media Press, 2013, 128~129쪽.
17) [역주] 1883년 뉴욕의 올버니 천공 포장지 회사The Albany Perforated Wrapping Sheet Company 대표인 세스 휠러Seth Wheeler 가 지금의 절취선이 있는 두루마리 휴지를 발명하였고, 1891년 특허를 취득 하였다.

미국에서 화장지를 제조 판매한 전통 있는 기업은 앞서 언급한 스콧 페이퍼 컴퍼니Scott Paper Company 이다.

7.9 세계의 화장지 천태만상

게이오대학교에서 인문지리학을 가르치던 니시오카 히데오는 첫 강의에서 반드시 세계의 화장실 사정부터 이야기하기로 했다고 한다.

> 내 손에는 현재 세계 60여 개국, 약 40여 점의 화장지가 있다. 대부분이 1966년부터 내가 직접 수집한 귀중한 컬렉션으로 국가별로 분류해서 입수 장소와 입수 날짜 등을 기록해 정리해 놓았다. 일부는 지인이나 제자들이 수집해 준 것 또는 국내외 회사나 제조업체 등이 보내준 신제품으로 롤 상태 그대로인 것도 있다[18].

1966년은 일본에서는 고도 경제성장기가 시작된 시기로 이 무렵에는 소비자의 취향에 맞춰 상당히 사용하기 편한 화장지가 생산되고 있었다.

니시오카는 프랑스 파리를 방문했을 때 일본의 화장지와는 전혀 다른 품질의 화장지가 사용되고 있다는 사실에 놀랐고 그때부터 각국의 화장지에 관심을 가지게 되었다고 한다. 니시오카의 기록을 통해 당시 세계의 화장지 사정을 들여다보자.

---

18) 『화장지의 문화지』 2쪽. p181 각주 참고.

7.9 세계의 화장지 천태만상

프랑스의 것은 갈색을 띠고 뜯을 때 '파사삭' 하고 소리가 나는 하트론 종이였다. 베르사유 궁전의 공중화장실에서도 같은 종이를 쓰고 있었다. 독일에서는 동서 모두 질기고 소박한 회색의 재생지를 사용했다. 흡습성도 거의 없다. 오스트리아, 스위스, 이탈리아에서는 자국에서 종이를 생산하지 않고 모두 수입에 의존하기 때문에 폭도 길이도 색도 제각각이다. 영국에서는 비교적 흰색이지만 만년필로 글씨를 쓸 수 있을 정도로 딱딱한 메모지 같은 화장지를 사용했다. 반출을 금지하기 위해 회사, 공장, 학교 이름 등이 인쇄된 것이 재미있다.

스웨덴·덴마크에서는 분홍색, 연두색, 연두색, 보라색 등 화장실 분위기에 맞게 다채로운 색상의 화장지를 구비하고 있었다. 당시 소련이 운행하던 요코하마에서 연해주의 나홋카로 가는 여객선에서는 롤 형태의 화장지를 사용했는데 절취선이 없고 섬유가 길어 찢을 때 힘들었다. 모스크바에서는 매끈하고 흡습성이 없는 사각형의 종이가 골판지 상자에 담겨 놓여 있었다. 1965년경 시베리아 철도를 타본 경험이 있는 아버지에게 물어보니 요코하마에서 나홋카로 향하는 선내는 확실히 화장지였지만 시베리아 철도의 그것은 새까만 딱딱한 종이여서 놀랐다고 한다.

미국 워싱턴에서 로스앤젤레스까지 횡단하는 길목에서 니시오카가 묵었던 일반 호텔에서는 킴벌리들라크라는 회사가 생산하는 종이를 사용하고 있었다. 이 회사는 앞서 언급한 주조 킴벌리(크리넥스)의 모회사다. 한편 옥수수 산지에서는

제7장 화장지 이전·화장지 이후

옥수수 수염이 여전히 엉덩이를 닦는 재료로 쓰이고 있었다.

멕시코에는 옥수수를 먹고 난 후의 심지를 원료로 한 종이가 있다. 이것은 의외로 부드럽고 사용하기 좋았다고 한다. 이스라엘에서는 빈부의 차이, 계층의 차이에 따라 사용하는 종이를 구분하고 있었고 태국에서는 대학이나 호텔 등에는 종이가 비치되어 있지만 일반 민가에서는 대나무 섬유로 만든 누런 종이가 못에 매달려 있는 경우도 있었다.

그야말로 세계의 화장지도 천태만상이다.

온수세정 변기에 건조기능을 넣는 등 화장지 이후의 세상도 모색되고 있지만, 이번 화장지 대란을 보면 여전히 우리는 화장지와 떼려야 뗄 수 없는 관계로 남을 것으로 보인다. 그렇다면 과연 앞으로 엉덩이를 닦는 행위와 화장지로 보는 세상은 그 다양성을 그대로 간직할 수 있을까? 아니면 완전히 동질화될까? 개인적인 생각으로는 동질화의 움직임은 멈추지 않을 것 같다.

1973년과 2020년에 일어난 두 번의 화장지 파동에는 공통점도 있었지만 우리는 결정적인 차이점도 목격했다. 그것은 2020년에는 일본뿐만 아니라 전 세계에서 화장지 대란이 연쇄적으로 일어났다는 점이다. 호주, 미국, 영국, 인도네시아 등에서의 사재기 현상에 대한 보도는 기억에 남는다. 여기에는 SNS 등 1973년 당시에는 없었던 새로운 정보 네트워크가 큰 영향을 미쳤을 것이다. 또한 화장지를 이용하는 국가가 1973

년 당시보다 확실히 늘어난 것과도 관련이 있다.

이러한 화장지의 보급은 위생기술과 위생관념의 세계적 확산, 동일 상품의 세계적 유통 등이 이뤄낸 성과라고 볼 수도 있다. 그러나 그것은 한편으로는 '사는 것'에 관한 생각·태도·신념·행동·가치판단·기술·제도 등이 서서히 그러나 확실하게 한 가지 색으로 덧칠되어 가는 전 세계적인 대전환인 것 같기도 하여 나는 약간의 불안감을 느끼지 않을 수 없다.

제 8 장

똥이 가르쳐 준 것

세계의 분기점에 대한 대화

8.1 「오물」과 사회—「더럽다」라고 이름 붙여진 것들

이 책의 첫머리에 나오는 고등학생들과의 대화에서 '똥은 더러운가?'라는 질문으로 현대사회에서 똥의 위치를 생각해보았다. 농업이나 환경에 관심이 많은 그들조차도 '더러운 것'이라는 견해가 대다수였던 것을 고려하면 아마도 오늘날 일본에서는 대부분이 똥을 '더러운 것'으로 인식하고 있다고 해도 과언이 아닐 것이다.

그러나 그 역사를 돌이켜보면 똥은 중세에는 '경외'나 '신앙'의 대상이 되었고 근대·현대에는 '편리'하게 쓰이거나 '매매'되고 '이용'되었으며 근대·현대에는 '오물'이라는 이름으로

제 8 장 똥이 가르쳐 준 것

'처리'되거나 '혐오'시 되었고 그 결과 '배제'되고 '망각'하는 과정을 거쳐 오늘에 이르고 있다.

우리의 가치 기준이 전환되고 인간과 똥의 관계가 변화하는 가운데 똥에 대한 평가도 위치도 흔들려왔다고 할 수 있을 것이다. 그리고 이 변화의 과정에서 점차 '오물'로서의 위치가 확립되고, 똥에 대한 낙인은 강화되어 우리의 인식 속에서 지울 수 없는 것으로 고착화되어 왔다는 것을 알 수 있다.

오늘날 일본에서 똥이 예전처럼 농지로 돌아가는 것은 어려워졌다. 그러나 그것은 똥이 더럽기 때문이 아니라 오히려 우리가 먹는 것, 하수구에 버리는 것이 달라진 결과였다. 그래서 물질적 풍요로움, 시간 절약의 편리함, 위생적인 삶을 추구하는 우리 자신에게도 그 책임이 있다는 것을 다시 한번 생각해 볼 필요가 있다.

8.2 '흙'은 더러운 것일까?

그런데 사회의 변화 속에서 '더러운 것'으로 명명되어 온 사물이나 행위는 똥에만 국한되지 않는다.

똥과 깊은 관계를 맺어온 '흙'도 그중 하나다. 이 책에서도 인용한 미즈키 시게루의 작품에서 작가가 '토인土人'이라는 표현을 굳이 사용한 것은 경멸이 아니라 흙과 함께 살아가는 사람들에 대한 존경심을 나타내고 싶어서라고 밝히고 있지만, 이는 뒤집어 보면 일반적으로 '흙'에 어떤 경멸의 의미가 담긴 경우가 있음을 의미한다. 제4장에서 다이쇼시대 농촌 청년의 시에 등장하는 농민을 뜻하는 '흙백성土百姓'이라는 단어 역시 '흙'에 자조적인 의미를 담은 표현으로 해석할 수 있다. 이러한 '흙'에 사는 청년들의 갈등은 '흙'에 대한 도시의 경멸적 시선을 빼놓고는 결코 설명할 수 없다.

1990년대 후반 대학생이던 나는 아르바이트하던 작은 학원에서 같은 아르바이트를 하던 도쿄 시내의 여대생에게 '너한테서 흙냄새가 나. 어머, 정말 신발에 흙이 묻어 있네. 도대체 어디서 왔니?'라는 말을 들은 적이 있다. 거짓말 같은 실화다. 순간 당황했지만 실제로 그날 현장학습을 마치고 돌아오는 길에 운동화에 흙이 묻어 있었기에 나는 '그러네'라고 대답할 수밖에 없었다. 어수룩한 분위기의 나를 향해 그녀는 그 또한 완곡하게 표현한 것 같았다. 그러나 이때 나는 바보 취급을 당했다고 분개하기보다 '아하, 이렇게 흙을 경멸의 수사로 사용하는구나. 도대체 어떤 사회 속에서 길러진 정신일까' 하고 그 자리에서 한참을 생각하게 되었다. 상대방으로서는 나 같은 시골뜨기에게 크게 한 방 먹였다고 생각했으리라.

사실 이 이야기에는 후일담이 있다. 이 여대생은 우연히도 내 어릴 적 친구와 같은 대학 같은 테니스 동아리에 소속되어 있었다. 친구가 '그 여학생도 지방에서 서울로 올라온 사람이고 흙이랑은 무관하지 않을 걸' 하고 말하는 걸 듣고는 점점 더 감격스러웠다. 그녀 역시 흙과 결별하고 도쿄의 대학생이 되어 아스팔트 위를 하이힐을 신고 걷기 시작한 지 얼마 되지 않기 때문이다. 반면 나는 운동화에 흙을 묻혀가며 각지의 농어촌을 돌아다니는 대학생이었다. 그녀에게는 '냄새난다'라며 조롱했던 그 흙이 어쩌면 헤어지고 싶었던 '고향'이자 '지방'이었고 그곳에서 살았던 자신과 겹쳐 보였는지도 모른다. 도시의 시선에서 비롯된 갈등이 아니라 농촌과 지방의 내부에서 비롯된 시선에 의해 '흙'이 냄새나는 것, 더러운 것으로 외면당하는 시대의 발소리가 들리는 것 같았다.

'지방'이라는 이야기에서 연상되는 것은 지역마다의 문화, 예컨대 '방언'도 '더러운 것'으로 명명되어 온 것들 중 하나라는 것이다. '표준어'라는 개념이 정착되고 그에 비해 '더러운 말'로 인식되어 사투리를 숨기게 된 것은 고도 경제성장기 무렵부터였을까. 본래 말이란 지역마다의 풍부한 문화를 반영하는 것이다. 나가노현의 '엉덩이 닦기 지도'에서도 알 수 있듯이 엉덩이를 닦는 소재도 다양하고 이를 표현하는 단어도 놀라울 정도로 다양하다. 하지만 현대에는 '화장지'라는 글로벌 표준어로 일괄적으로 설명할 수 있을 정도로 우리가 사는 세상은 획일화되고 단순해지고 있는 듯하다.

8.3 손과 여성

그리고 '손'에 대해서도 생각해 보고 싶다. 원래 수공예와 수공업의 역사를 연구해온 나로서는 '손'만큼 숙련되고 귀중한 도구가 없다는 생각이 드는 장면을 여러 차례 접했다[1]. 자연이 만들어내는 불규칙한 재료들은 인간의 '손'을 통해 정렬되고, 다듬어지고, 조합되고, 짜이고, 엮이고, 갈리고, 다듬어지고, 반죽되고, 모양이 만들어져 천·바구니·그릇·끈·밧줄 등으로 변신한다. 기계 생산에서는 사용할 수 없는 재료도 손이라면 다룰 수 있는 경우가 많다. 요리도 마찬가지다. 기계로 가공하기에는 부적합한 모양이 불규칙한 식재료도 손을 통해서는 얼마든지 요리할 수 있다. 온도, 부드러움, 촉감 등 손의 감촉을 보고 판단하는 경우도 적지 않다. 그러나 오늘날 '맨손'으로 만드는 것은 경우에 따라서는 위생적이지 않다는 평가가 나오기도 한다.

또한 산업혁명 이후 기계화가 진행될수록 손으로 만드는 것은 '뒤떨어지고', '비합리적이고', '위생적이지 않은' 물건이라는 평가를 받아왔다. 그 반작용으로 '수공예'에 대한 재평가가 진행되기도 하지만 큰 흐름으로 보면 손은 점차 그 가치를 잃어가고 있는 것 같다.

마지막으로 다소 비약적이지만 '여성'에 대해서도 생각해 보고 싶다. 과거 여성에게도 피(생리나 출산)에 대한 나쁜 인식으로 인해 '더러운 존재'라는 위치가 부여된 시기나 경우가 있었다. '손'과 마찬가지로 그것은 '더러움'일 뿐만 아니라 '뒤

---

[1] 유자와 노리코(湯澤規子)『재래산업과 가족의 지역사(在来産業と家族の地域史 — ライフヒストリーからみた小規模家族経営と結城紬生産)』古今書院, 2009.

떨어진 것', '하위에 놓인 것'으로 여겨지기도 했다. 프랑스의 철학자 시몬 드 보부아르는 그의 저서『제2의 성[2]』에서 '사람은 여자로 태어나는 것이 아니다. 여자가 되는 것이다'라는 유명한 말을 남겼다. 이는 역사적, 문화적, 사회적으로 형성되는 '성' 즉 '젠더'라는 새로운 관점의 발견으로 이어졌다. 똥이 '오물'로 명명되는 역사를 추적하는 과정에서 내 머릿속에는 보부아르의 이 말이 묘한 공통점을 가지고 떠올랐다.

여성은 여성일 뿐 아니라 '인간'이라는 점에서 출발해야 하는 것처럼 똥은 오물이라고 생각하는 것을 멈추는 것에서 출발하면 세상이 다르게 보인다. 그런 의미에서 조금 과장된 표현일지 모르지만 똥은 우리 사회를 역으로 비춰주는 빛이기도 하다.

8.4 낙원의 똥-야만과 문명

어떤 대상을 '더러운' 것, '뒤떨어진' 것으로 하위에 위치시키려는 발상은 의식적이든 무의식적이든 사실 서구 문명을 도달점으로 삼는 발전단계론적 사고와도 깊은 관련이 있다. 이러한 생각에 따라 서구 사회와 같은 '문명'에 도달하지 못한 지역은 오랫동안 '야만적', '미개한', '후진적' 지역으로 명명되어 왔다.

그러나 한편으로 이들 지역은 서구 기독교 세계에서 인류

---

[2] Simone de Beauvoir, *Le Deuxième Sexe* / 한국어판 시몬 드 보부아르 저, 이정순 역,『제2의 성』, 을유문화사, 2021.

의 타락 이전의 원초적 '낙원'으로서 향수의 대상이 되어 왔고 문학-예술의 보편적 주제이기도 했다[3]. 이 '잃어버린 낙원'을 추구하는 문예사조는 타락한 문명에 대한 안티테제로 인간의 본원적 행복을 자연과의 조화에서 찾았던 철학자 장 자크 루소(1712~1778)를 중심으로 한 철학의 부흥과 함께 19세기 서구에서 새로운 전개를 보인 것은 잘 알려져 있다.

그러한 시대정신을 살았던 예술가 중 한 명으로 프랑스의 화가 폴 고갱(1848~1903)이 있다. 잃어버린 낙원을 찾아 헤매던 고갱은 켈트 신화와 중세 기독교의 환상적인 분위기를 간직한 프랑스 북서부 브르타뉴, 남태평양의 프랑스령 타히티섬으로 이끌려 평생을 여행하며 살았다. 남국의 풍토와 만나서 탄생한 독특한 화풍은 생전에 거의 평가받지 못했다. 하지만 그의 작품에 담긴 메시지는 문명사회가 흔들리고 사람들이 '사는 것'의 본질을 추구할수록 독자적인 현실감을 가지고 생겨나며 재평가됐다.

내 느낌일 뿐이지만 제6장에서 인용한 미즈키 시게루의 『라바울 전기』에 그려진 라바울의 풍경화와 고갱이 그린 타히티의 풍경화에는 어떤 공통된 시선이 느껴진다. 그것은 라바울과 타히티가 남반구의 크게 다르지 않은 위도에 위치한다는 자연적 조건의 공통점이나 오세아니아라는 하나의 지역적 결속력, 19세기 식민주의 시대에 서구 국가의 식민지가 되었다는 정치적

---

[3] 유하라 가노코(湯原かの子)『고갱(ゴーギャン―芸術·楽園·イヴ)』講談社選書メチエ, 1995, 9쪽. 이하 같은 책을 참조했다.

제8장 똥이 가르쳐 준 것

공통점만이 아니다. 그 공통된 시선은 라바울과 타히티의 삶에서 '낙원'과 '인간이 살아가는 본연의 의미'를 두 화가가 각각 발견했다는 것이다.

고갱은 자신의 화업을 설명하기 위한 각서로 타히티에서의 생활에 대한 심상을 담은 『노아노아』라는 문예작품을 남겼다. 거기서 그는 다음과 같이 말한다.

> 나는 필경 문명인이었던 것이다. 주변에서 행복하게 살고 있는 야만인들에 비하면 나는 지금 당장은 열등한 존재였다. 이런 곳에서는 자연에서 나오지 않는 금은 자연이 만들어내는 본질적인 부를 얻는 데 아무런 도움이 되지 않는다. 허기진 배를 움켜쥔 채 내 처지를 슬프게 생각하고 있을 때 한 토인이 소리를 지르며 나를 향해 무언가 제스처를 취하는 것을 깨달았다. 표현력이 풍부한 그 몸짓이 말을 대신하고 있었다. 나는 이해했다—이웃이 나를 저녁 식사에 초대하려는 중이었다.
>
> ...
>
> 문명이 조금씩 내게서 멀어져 갔다. 단순하게 생각하게 되었고 이웃에 대한 혐오감도 거의 없어졌다—아니 오히려 사랑하게 되었다. 나는 자유롭고 동물적이고 인간적인 삶을 마음껏 누리고 있다. 오늘과 똑같이 자유롭고 아름다운 내일이 있다는 것을 확신하기 때문에 평화가 내 마음속에 내려온다[4].

---

4) Paul Gauguin, *Noa Noa* / 한국어판 폴 고갱 저, 정진국 역, 『노아노아』, 글씨미디어, 2019 / 일본어판 岩切正一郎訳 『ノアノア』 ちくま学芸文庫, 1999, 31·42쪽.

여기서 고갱은 '야만'이라는 단어에 자연과 더불어 살아가는 인간의 삶의 이상을 투영하는 동시에 '문명'이라는 단어를 자유롭지 못한 인간 사회의 상징으로 사용하고 있다. 즉 '야만'과 '문명'이라는 단어에 담긴 일반적인 가치관을 뒤집어 놓음으로써 예술 활동을 통한 문명 비판의 메시지를 전하고 있는 것이다. 이는 19세기 프랑스 파리라는 사회를 살면서 서구 문명이 식민지 지배를 통해 타히티의 섬들을 침략하고 변질시키는 모습을 목격한 고갱 자신의 문제의식의 표현이기도 했다.

8.5 19세기 파리의 똥과 괴물의 창자

'잃어버린 낙원'을 추구하는 문예사조가 탄생한 중심지 중 하나이자 고갱이 살았던 19세기 파리는 도대체 똥이라는 관점에서 본다면 어떤 도시였을까?

19세기 중반까지의 파리는 생활환경, 도시환경 모두 매우 열악했다. 주민들은 음식물 쓰레기와 오물을 무질서하게 길거리에 버렸고 길 중앙에 만들어진 빗물받이에는 음식물 쓰레기와 오물이 쌓여 악취가 진동했다. 좁은 길 양옆으로 높은 건물이 늘어서 있어 햇볕이 들지 않고 통풍도 잘 되지 않아 역병이 창궐하기도 했다. 음식물 쓰레기, 분뇨, 빗물은 세느강으로 흘러들어 수질이 악화될 수밖에 없었다[5].

폴 고갱은 19세기 중반인 1848년 6월 파리의 노트르담 드

---

5) 『똥에 대해 이야기해봅시다, 진지하게』p44 각주 참고.

로레트가에서 태어났다. 당시에는 급속도로 발전하고 있던 시민계급 세력에 의해 '제2공화국'이 선포된 2월 혁명의 여파에 휩싸여 있던 때였다[6]. 그 후 한동안 가족 사정으로 남미 페루에서 어린 시절을 보낸 후 1854년 여섯 살이 되던 해에 고갱은 다시 프랑스로 돌아왔다. 학업을 마치고 5년간의 선원 생활을 거쳐 파리에서 주식 중개인이 되면서 화폐 경제 사회의 중심에서 두각을 나타내게 된다. 스물다섯 살에 결혼해 가정을 꾸린 곳도 파리였다.

당시 파리에서는 산업혁명이 본격화되면서 일자리를 찾는 많은 노동자로 인해 급격한 인구 증가가 일어나고 있었다. 앞서 말했듯이 원래 파리의 거리는 역병이 창궐하기 좋은 조건을 갖추고 있었던 데다 급격한 인구 증가가 이를 부추겼다. 콜레라로 인해 파리에서 수많은 사망자가 발생한 것도 이 무렵이다.

이러한 상황을 배경으로 파리에서는 대대적인 도시 개조가 요구되기 시작했다. 그리고 '파리 개조'라는 대규모 도시정비 사업이 실시되었다[7]. 상하수도 정비도 이 계획에 포함되었고 19세기 후반은 파리의 똥 문제에 있어 큰 전환점이 되었다.

19세기 파리에 살았던 작가 에밀 졸라(1840~1902)가 파리 중앙도매시장을 '파리의 위장[8]'이라 이름 붙였다면 빅토르 위

---

[6] 『고갱』 14~15쪽. p205 각주 참고.
[7] 니시사코 다이스케(西迫大祐) 『감염증과 법의 사회사(感染症と法の社会史 — 病がつくる社会)』 新曜社, 2018.
[8] Émile Zola, *Le Ventre de Paris* / 朝比奈弘治訳 『「ゾラ・セレクション」第二巻　パリの胃袋』 藤原書店, 2003.

고(1802~1885)는 파리의 하수도를 '괴물(리바이어던)의 창자'에 비유했다. 위고의 작품 『레미제라블』에 주인공 장 발장의 도주극의 무대로 파리의 하수도 모습이 극명하게 묘사된 것은 잘 알려져 있다.

흥미로운 것은 위고는 매우 많은 지면을 할애하여 파리에서는 많은 돈을 들여 하수구라는 도시의 '창자'를 정비했지만 사실 인분뇨는 매우 풍부한 비료가 된다는 것, 그것은 유럽보다 먼저 아시아 국가에서 이미 실천하고 있다는 것, 인분뇨를 이용하면 세계를 먹여 살리기에 충분할지도 모른다는 것 등을 웅변하고 있었다. 정치가이기도 했던 위고의 삶에 비추어 보면 이 부분은 산업혁명기 파리의 도시정책에 대한 간접적인 비판으로 읽을 수 있다. 이후 파리에서는 19세기 마지막 사반세기 동안 공중보건학자들이 활약하기 시작했고 1877년 5월에는 '프랑스 위생학회'가 설립되었다.

이 무렵 고갱의 마음속에는 예술에 대한 열정이 불타올랐고 그 결과 주식 중개인 일을 그만두게 된다. 하지만 그림은 좀처럼 팔리지 않았고 예술가로서도 인정받지 못한 채 생활은 점점 궁핍해졌고 가족과의 불화도 깊어졌다. 파리라는 문명의 한복판에 있으면서도 사생활에서는 사랑과 증오 사이에서 갈등하고 예술가의 사교계와 화폐경제의 숨 막힘에 시달리던 고갱이 그곳을 벗어나기 위해 도착한 곳은 파리와는 기후도 문화도 전혀 다른 남태평양의 타히티라는 '천국'이었다.

8.6 고갱이 본 타히티의 똥

고갱은 타히티에서도 프랑스 사회의 영향을 많이 받은 지역을 멀리 떠나 원시적인 생활이 남아있는 마타이에아 마을로 이주해 지역 신화와 사람들의 세계관을 접하면서 자연에 대한 감수성을 풍부하게 다듬어 나갔다.

고갱의 타히티 그림에는 생명력 넘치는 풍부한 초목과 허리띠를 두른 남녀와 벌거벗은 아기, 붉은 흙 위를 걷는 개와 돼지, 닭이 함께 있는 생활이 그려져 있다. 이 풍경으로 미루어 짐작건대 명시되어 있지는 않지만 아마도 미즈키 시게루가 라바울에서 보았던 것처럼 타히티에서도 아기 똥을 돼지나 개가 먹기도 하지 않았을까 상상해본다. 그리고 고갱은 악취가 진동하는 파리에서 경험하지 못한 사람과 똥, 자연의 넉넉한 관계에 눈을 떴을 것이다.

고갱이 글로 기록한 타히티의 똥 이야기는 새로운 왕의 즉위식에서 나온다. 화려한 의상을 입은 왕은 신전에 들어가 의식을 거행한다. 그 후 왕은 추장들의 어깨에 올라 민중을 이끌고 바다로 향하고, 바다에 들어간 후 다시 출발했던 장소로 돌아간다. 그곳에서 행해지는 의식에 똥이 등장하는 것이다. 일부를 인용해 보자.

> 마라에로 돌아오니 신상은 다시 제단에 안치되고 축제는 장엄함을 심하게 해칠만한 한 가지 광경으로 끝이 난다. 신상 옆의 돗자리 위에 놓인 왕은 그곳에서 백성들의 마지막 예우라고 할 수 있는 것을 받는다. 그것은 놀랍도록

불결하고 거칠고 음란한 춤과 흥겨움에 가득 찬 벌거벗은 남녀가 왕을 둘러싸고 신체의 여러 부위를 닿게 하는 과정에서 결국 왕은 그들이 바르고 문지르는 분뇨로 뒤덮이는 것이었다. 이는 제사장들이 다시 피리를 불고 북을 치기 시작할 때까지 계속되었다. 이것이 퇴각과 축제의 끝을 알리는 신호였다. 그러면 왕은 수행원들을 데리고 궁으로 돌아갔다고 한다[9].

해설에 따르면 이 일련의 의식은 신의 출발과 귀환, 농사철의 순환, 생과 사의 순환과 불가분의 관계에 있으며 바다에 들어가 물을 정화해 '신'이 된 왕이 마지막으로 '인간'으로 다시 태어나기 위해 사용되는 것이 분뇨라는 것이다.

이 같은 전통 풍속과 의례는 식민지화에 따른 기독교화 과정에서 혐오, 배제, 금지됐지만 마타이에아 마을에서는 여전히 그 풍속과 의례가 살아 숨 쉬고 있었다. 고갱은 이를 혐오하지 않고 오히려 거기서 많은 영감을 얻어 그림 그리는데 몰두했다.

고갱은 말년인 1899년 여름부터 약 2년간 '반식민지'를 표방한 언행에 몰두했던 시기가 있다. 이 시기 그의 글에는 타히티를 침략해 온 서양인의 똥 이야기가 다음과 같이 등장한다.

> 일찍이 시테르 섬(타히티)에서는 하늘은 맑고 여자들은 사랑스럽고 열렬히 사랑받으며 고요한 공기와 부드러운 풀의 애무와 물놀이의 쾌락 속에서 있는 그대로의 삶의 기쁨을 누렸다. 그것은 자연의 은총 덕분에 일하는 것을

---

[9] 『고갱』 147~148쪽. p205 각주 참고.

> 전혀 알지 못한 채 지내는 영원한 축제였다. ...문명인
> 일행이 와서 깃발을 꽂았다. 풍요롭던 땅은 불모지가
> 되고 강은 말라버렸다. 이미 영원한 축제는 사라지고
> 살기 위한 투쟁과 끊임없는 노동이 시작된다. ...그들은
> 악취를 풍기는 배설물로 우리 땅을 독살하고 ...대지를
> 불모지로 만들고 살아있는 것을 타락시킨다[10].

앞서 언급한 전통 의식의 똥과 침략자들의 똥에 대한 평가의 차이는 고갱 자신의 타히티 고유 문화에 대한 옹호와 현대 서구 문명에 대한 가혹한 비판을 상징하는 것에 다름없었다.

고갱의 대표작인 미국 보스턴 미술관에 소장된 '우리는 어디서 왔고, 우리는 무엇이며, 우리는 어디로 가는가[11]'는 근대 서구 사회를 살아가는 그의 내면에 소용돌이치던 숨 막힘과 삶의 고단함에서 자신을 해방해 준 다양한 '생명'과 함께 살아가는 사람들에 대한 존경과 동경을 담은 작품이라고 나는 생각한다.

8.7 별과 함께 살아가는 사람들의 '우주'와 '세계'

고갱이 타히티를 방문한 지 70년이 지난 1961년 한 일본인 여성이 타히티를 찾았다. 문화인류학자인 하타나카 사치코畑中幸子다. 정확히 말하면 타히티에서 동쪽으로 긴 뱃길을 통해

---

10) 『고갱』227쪽. p205 각주 참고.(원문은 프랑스 신문 『레 게프』 1900년 1월 12일자 「오볼리」에 수록).

11) «D'où venons-nous ? Que sommes-nous ? Où allons-nous ?» (1897-1898)

8.7 별과 함께 살아가는 사람들의 '우주'와 '세계'

도착하는 푸카루아라는 섬에서 그녀는 '우리 사회에서 결핍된 것, 그리고 잊혀진 것에 눈을 뜨게 될 것이라는 은근한 기대'를 가지고 몇 년 동안 현지 조사에 임했다. 그 자세한 내용은 1967년에 출판된 『남태평양의 환초에서』에 기록되어 있다. 이 책에서 푸카루아 사람들이 사는 세계는 다음과 같이 묘사된다.

> 달빛이 부족을 비추지 않을 때 푸칼루아는 쏟아질 것 같은 별들로 둘러싸여 있었다. 일등성, 이등성, 변광성은 천체에 관한 지식이 없는 나조차도 쉽게 알아볼 수 있었다. 라군礁湖에 수많은 별들이 그대로 그림자를 드리우고 있다. 몸을 360도 빙글 돌려봐도 소원은 이루어지지 않는다. 별에 붙잡혀 꼼짝할 수 없게 되어 버린다. 별이 쏟아지는 우주에 푸칼루아 라군은 바야흐로 고리가 되어 떠 있었다[12].

살아있는 세계라기보다는 '우주'라는 표현이 더 어울릴 것 같은 광활함이 있다. 이 책에는 이러한 대자연과의 교감과 지역적 질서로 이루어진 사람들의 고유한 삶이 생생하게 그려져 있다. 그러나 푸카루아에서 조사를 마치고 돌아온 1964년 후반의 타히티에서 그녀가 본 것은 핵실험을 위해 속속 도착하는 프랑스 군대와 이를 맞이하는 성대한 오리 타히티 $^{Ori\ Tahiti}$ 댄스의 열광이었다. '눈앞이 캄캄해졌다'라고 적고 그녀는 다음과 같이 말을 이어갔다.

---

[12] 하타나카 유키코(畑中幸子)『남태평양의 환초에서(南太平洋の環礁にて)』岩波新書, 1967, 72쪽.

제8장 똥이 가르쳐 준 것

> 고갱이 표현한 동물성과 식물성이 뒤섞인 냄새는 그 옛 날이나 지금이나 변함이 없다. 그들은 밤이 깊어가는 줄 도 모르고 춤추고 놀고 있다. 그들의 정체를 나는 아직도 알 수 없다. 다만 한 가지 말할 수 있는 것은 수많은 관광 객을 맞이하면서도 그들은 '세상'을 모른다는 것이다[13].

여기서 '세계'란 급격하게 세계화되는 사회가 가진 어떤 폭력성과 죄악성을 의미하는 것 같다. 푸카루아와 타히티 사람들이 살아가는 고유한 '우주'에 대해 가속도적으로 그곳을 침범하는 '세계'화의 흐름. 이 대비는 클로드 레비스트로스가 그의 저서 『야생의 사고』에서 말하는 '뜨거운 사회'와 '차가운 사회'의 대립이라는 이념적 대비와도 통하는 부분이 있다.

『야생의 사고』는 19세기 후반 고갱이 표현한 서구중심주의에 대한 비판을 관통하며 기존의 미개한 사회관을 전환하는 데 성공한 문화인류학의 기념비적인 작품이다. '뜨거운 사회'란 역사적 생성(예컨대 사계절의 순환, 인간 일생의 순환, 사회집단 내의 재산과 봉사의 교환의 순환)을 자기 안에 끌어들여 그것을 발전의 원동력으로 삼는 사회를 의미한다.

'차가운 사회'는 스스로 만들어낸 '제도'에 의해 역사적 요인이 사회의 안정과 연속성에 미치는 영향을 거의 자동적으로 지우려는 사회를 의미한다[14].

---

13) 『남태평양의 환초에서』 221쪽.
14) Claude Lévi-Strauss, *La Pensée sauvage* / 한국어판 클로드 레비스트로스 저, 안정남 역, 『야생의 사고』, 한길사, 1996 / 大橋保夫訳 『野生の思考』 みすず書房, 1976, 280~281쪽.

8.7 별과 함께 살아가는 사람들의 '우주'와 '세계'

레비스트로스는 다음과 같이 말한다.

> 역사적으로 지리적으로 다양한 수많은 존재 양식 중 어느 한 가지에만 인간의 모든 것이 숨어 있다고 믿기 위해서는 상당한 자기중심주의와 순진무구한 단순함이 필요하다. 인간에 대한 진실은 이러한 다양한 존재 양식들 사이의 차이와 공통성으로 구성된 체계 속에 존재하는 것이다[15].

20세기 후반에는 이러한 주장이 사회에 대한 경종으로 사람들에게 이해되기 시작했다. 팽창을 멈추지 않는 시장경제 사회와 세계화의 흐름을 응시하면서 그 끝과 한계를 냉정하게 파악하려는 기운이 이 시기에는 분명히 있었기 때문이다.

이 무렵 일본은 전후 복구기를 거쳐 고도 경제성장기에 접어들고 있었다. 하타나카가 일본에서 잊혀져가는 것들을 찾아 푸카루아로 간 것은 바로 이러한 사회 변혁기의 한가운데서였다. 그리고 그녀는 그곳에서 푸카루아의 고유한 '우주'와 세계화되는 보편적인 '세계'가 충돌하는 모습을 목격하고 우리의 삶의 방식과 세계를 대하는 방식이 크게 변화하기 시작했음을 몸소 느꼈다.

---

[15] 『야생의 사고』 일본어판 299쪽.

8.8 고도의 경제성장기와 네팔의 소똥

2019년 겨울, 나는 기후현 에나시^{恵那市} 구시하라^{串原}에 있는 '고바르^{GOBAR}'라는 이름의 햄 공방을 방문했다. 고바르는 네팔어로 '소똥'이라는 뜻이다. 왜 굳이 가게 이름에 '똥'을 붙인 건지 1980년 고바르를 창업한 마스모토 스스무^{桝本進}씨에게 물어보았다.

1970년대 당시 일본이 고도 경제성장을 이루며 사람들이 물질적 풍요로움을 추구하던 시절 그는 낙농가가 되기 위해 홋카이도로 향했다. 하지만 구체적인 이야기가 진행되면서 대규모화를 지향하는 낙농 경영에 자신이 적합하지 않다는 것을 깨달았다. 이후 산지 낙농과 소규모의 농사 생활에 관심을 두게 됐고 마침 그 무렵 네팔의 농촌을 돌아다녔다고 한다.

> 길에 소가 유유히 걷고 있다.
> 그 뒤를 아이들이 따라 걷고 있다.
> 소가 똥을 눈다.
> 그러자 아이들은 아직 김이 모락모락 피어오르는 그것을 두 손으로 받아 들고 신나게 뛰어간다. 네팔에서는 소똥을 비료, 건축자재, 연료 등으로 사용한다.
> 소똥을 양손으로 기쁜 듯이 받아드는 아이들의 모습이 잊혀지지 않아서[16].

이것이 고바르라는 가게 이름을 지은 이유라고 한다.

---

16) 2019년 12월 15일, 마스모토 스스무(桝本進)씨로부터 청취.

이 가게가 문을 연 1980년 일본에서는 수세식 화장실이 보급되고 하수도 시설이 정비되어 화장지를 사용하는 것이 당연시되던 시기였다. 똥은 오물이라고 인식되기 시작한 시기이기도 하다. 아마도 마스모토는 타히티를 방문한 하타나카처럼 동시대 네팔에서 본 '사람'과 '똥'의 관계에서 당시 일본에서 빠르게 잊혀져가는 자연과 사람이 함께 살아가는 모습과 그 풍요로움을 발견한 것 같다.[17] 그리고 이 가게가 지향하는 이상을 '고바르(소똥)'에 담아낸 것으로 보인다.

2019년에 가게 직원들과 함께 네팔을 다시 방문한 마스모토는 현재 네팔이 직면하고 있는 문제를 되짚어보며 다음과 같이 말한다.

> 어디를 가나 눈에 띄는 플라스틱 쓰레기의 양에 충격을 받았다. …차도 없고 전기도 없던 마을에 지금은 한발 앞서 태양광 패널과 스마트폰이 보급되고, 젊은이들의 발걸음이 도시로 향하고, 관심·동경은 더 편리한 문명으로 눈 녹은 물처럼 흘러가는데 발밑의 쓰레기를 줍는 젊은이들이 어디 있겠는가. 그것은 사실 우리 모두가 안고 있는 공통의 과제다[18].

화장지가 전 세계로 보급되는 것에 보조를 맞추듯 우리의

---

17) 고이소 마나부(小磯学)「힌두교에서의 소의 신성시와 배설물의 이용(ヒンドゥー教における牛の神聖視と糞の利用)」『砂漠研究』二五 (二), 2015, 43~51쪽 에 따르면 힌두교 신자가 많은 네팔에서는 소를 신성시하여 소똥을 축제나 의식 등에 사용하고 있다.

18) 마스모토 스스무(桝本進)「네팔과 나(ネパールと私)」『GOBARだより』一〇〇, 山のハム工房ゴーバル, 2019, 4~5쪽.

제8장 똥이 가르쳐 준 것

삶은 계속 동질화되어 가고 '세계화'에 대한 1970년대의 당혹감과 망설임은 뒷전으로 밀려나 21세기에 접어들면서 더 이상 멈출 수조차 없게 되어가고 있다. 그러나 다시 한번 나는 멈추고 싶다.

'깨끗하다', '청결하다', '위생적이다'라는 말만 듣고 의심을 멈췄을 때 닫혀버리는 미래의 가능성. '더럽다'는 인식과 한마디로 사물이나 상대를 외면하는 것을 멈출 때 비로소 보이는 미래로의 가능성. 그것은 '불결'과 '청결'이라는 서로 대립되는 질문으로는 결코 풀 수 없는, 그 사이에 있는 심연의 세계의 존재에 눈을 돌리는 것, 우리 또한 그 예정된 조화가 아닌 잡다하고 혼탁한 세계 속에서 방대한 '생명'의 전달을 담당하는 일원에 지나지 않음을 자각하는 것에서 시작된다.

똥은 어디서 와서 어디로 가는가.

이 질문을 역사적, 지리적으로 생각한다는 것은 '더럽다', '깨끗하다'라는 가치 전환적 평가가 만들어내는 세상을 살아가는 우리가 그 위험성과 동시에 아직 남아있는 가능성을 깨닫는 것이기도 하다.

고갱이 '우리는 어디서 왔고, 우리는 무엇이며, 우리는 어디로 가는가'라는 그림과 말에 담은 메시지처럼 똥의 오고 가는 길을 생각하는 것은 결국 우리 인간의 오고 가는 길을 생각하는 것과 마찬가지다.

에필로그

어린 시절의 나는 설마 내가 어른이 되어 똥 책을 쓰는 사람이 될 줄은 꿈에도 몰랐을 것이다. 좋게 말하면 예민하고 나쁘게 말하면 신경질적인 아이였던 나는 똥과 화장실이 무서웠기 때문이다. 그리고 또 부끄러운 일이라고 생각했다. 그래서 당연히 입에 담으면 안 되는 것이라고도 생각했다.

초등학교 때 할아버지 장례식에 참석한 후부터 '죽음'이라는 것이 갑자기 무서워졌고 그것을 떨쳐버리기 위해 필요 이상으로 손씻기에 집착하는 시기가 오래 지속되었다. 나중에 알게 된 사실이지만 그것은 일종의 강박증이었다고 한다. 당시에는 왜 손을 씻지 않을 수 없는지 스스로 설명할 수 없었고 불안감만 커졌지만 지금 생각해보면 '죽음'에 '더러움'을 덧씌워 그것을 닦아내는 것만이 '삶'으로 이어지는 유일한 방법이라고 생각했던 시절이 있었다.

에필로그

그런 나도 여러 경험을 하면서 조금씩 그 섬세함을 잊어갔지만, 똥과 화장실에 대한 '두려움'이 '호기심'으로 바뀐 것은 지리학을 만나 내가 모르는 세계와 시대를 여행하게 되었기 때문이라고 생각한다. 모르는 세계와 시대를 살아가는 사람들을 만나면서 마음이 해방되고 '인간'과 '삶'에 대해 좀 더 넓게 생각하게 되었다고나 할까.

우선 대학생이 되어 살기 시작한 대학 기숙사의 공동화장실은 당연하지만 집의 화장실과는 그 쓰임새도 더러움도 분위기도 다른 공간이었다. 학교 화장실과도 다른 공동생활 속의 공동화장실. 친구의 아파트에서 목욕탕을 빌렸을 때 경험한 목욕탕과 화장실이 함께 있는 스타일도 처음엔 당황스러웠다. 취업하고 비즈니스호텔을 이용하게 되면서 그 당황스러움을 잊어버릴 정도로 익숙해졌지만 대학교 3학년 때 배낭을 메고 유럽을 여행하면서 화장실과 목욕탕이 함께 있는 일본과는 다른 스타일도 있다는 것을 알았다.

유럽의 경우 유레일 패스라는 무제한 철도 티켓으로 이동하던 당시 열차 화장실에 놀랐다. 똥을 받아내는 변기에 구멍이 뚫려 있고 그 아래는 눈 깜짝할 사이에 지나가는 선로였기 때문이다. 자신의 똥을 그 자리에 그대로 두고 가는 화장실. 그 광경이 너무 신기하고 재미있어서 함께 있던 친구에게 '화장실에 가보라!'고 억지로 권유했던 기억이 난다.

대학 2학년 때 '오키나와 청년의 집'이 주최하는 무인도에서의 1주일 캠프에 참가했다. 물론 인공적인 화장실 따위는 없다. 섬에 도착하자마자 새로 알게 된 친구들과 함께 모래사장에 간단한 울타리를 치고 구멍을 파서 즉석 화장실을 만들었다. 지붕은 없다. 씻어낼 물도 없다. 모래를 뿌리는 것뿐인 화장실. 밤하늘의 별빛 아래서 용변을 보는 경험은 내 안의 근본적인 무언가를 크게 바꿔놓는 사건이었다.

그래서 농가의 마당에 지어진 월세 1만 5000엔의 저렴한 아파트에 살기로 결정했을 때 그곳엔 외부에 있는 공동화장실밖에 없다는 것은 전혀 신경 쓰이지 않았다. 한겨울에는 변기 안의 물이 얼어붙는 화장실. 그 상황을 보고 한바탕 웃고는 그렇다면야, 하고 대학 화장실로 달려갈 정도의 뻔뻔함을 이 무렵의 나는 확실히 가지고 있었다.

해외로 눈을 돌리니 똥과 화장실에 대한 고정관념과 선입견은 점점 무너졌다. 미국 애리조나주에서 사막 한가운데에 덩그러니 놓여 있는 화장실이 설마 수세식 화장실이었을 때는 어떻게 물을 끌어 올리는지에 대해 놀라움을 감출 수 없었다. 그리고 발밑이 훤히 들여다보이는 문에 처음엔 당황스러웠다. 지리학 동료들의 조사지 경험담에서도 많은 것을 배울 수 있었다. 카리브해에 접한 작은 나라 니카라과에서 현장 조사 중인 선배의 말에 따르면 모기가 워낙 많아서 모기떼가 엄청난 속도로 엉덩이를 향해 날아든다고 한다. 현지인들은 전혀 신경쓰지 않는 것이 신기했다고 한다. 아프리카에서 부시맨을 조사한 경험이 있는 선생님은 그들의 똥이 토끼 똥처럼 뽀송뽀송해서 닦을 필요가 없는 것 같다는 이야기를 들려주었다. 함께 똥 세

에필로그

미나에 참여한 Y씨로부터는 현재 아프리카 케냐의 날아다니는 똥 이야기를 통해 똥과 사회의 문제를 알 수 있었다.

그리고 『화장지 문화지トイレットペーパーの文化誌』의 저자 니시오카 히데오 씨로부터는 세계 각국의 화장실, 똥, 엉덩이를 닦는 방법의 다양성을 진지하면서도 유머러스하게 배울 수 있었다. 자신이 모르는 세계를 일방적으로 '야만', '미개', '뒤처진', '더러운' 등으로 단정 짓지 않고 '이런 생활방식도 있구나'라는 놀라움과 찬사를 아끼지 않는 자세로 세계 각지의 삶의 다양성을 사랑하는 지리학자다운 눈빛에서 배울 점이 많다.

* * *

전문분야에 갇히는 것을 되도록 피하며 연구 생활을 해왔지만, 굳이 전문분야가 무엇이냐고 묻는다면 나는 그중 하나로 '인문지리학'이라고 답한다. 인문지리학은 '인문지리人文地理' 즉 인류의 문화, 문명을 '땅地'의 '이치理'에서 밝히는 학문 분야이다. 이 책의 부제를 '인분지리학개론人糞地理学ことはじめ'으로 정한 것은 일본어사전에서 '인문人文' 다음에 '인분人糞'이 나란히 있기 때문은 물론 아니다. 나는 이 문화, 문명 속에서 '인분'이 상당히 중요한 역할을 해 온 것이 아닌가 하는 생각이 들기 때문이다.

제1장에서 언급했듯이 '똥'은 그 어원을 거슬러 올라가면 밭에 손으로 뿌리는 일련의 행위를 의미한다[19]. 이것은 농촌과

---

19) 『인공신체론』, 19쪽. p35 각주 참고.

도시의 관계, 농민들 간의 조직에 의해 '거름'이 거래되고 이용되어 온 사회와 그 기술을 나타낸다. 그렇다면 '똥'은 인류의 중요한 문화임이 틀림없다. 이때 '인분'은 '사람의 똥'이라는 의미뿐만 아니라 '사람과 똥의 관계'라는 의미로도 생각해 볼 수 있다. '사물의 지리학'이 아니라 '관계의 지리학'이라고 하면 어떨까. 그러면 이 책에서 다룬 '사람 똥'뿐만 아니라 앞으로는 벌레나 동물, 식물, 미생물의 '똥'과 우리의 관계도 논할 수 있게 될 것이다[20].

배설하는 행위는 누구나 하는 일이지만 장소가 바뀌면 그 행위와 장소, 도구는 이렇게나 달라진다. 이 책의 주인공인 똥을 대하는 태도도 매우 다르다. 또한 장소뿐만 아니라 시대가 다르면 더욱 다양한 세계가 펼쳐진다. 인간이란 참 재미있는 존재다. 그렇게 생각하게 되면서 어린 시절 내가 가졌던 숨막힘과 삶의 고단함은 어느새 사라져 버렸다.

사족이 되겠지만 육아를 하면서 아들들에게 배운 것도 많다. 끝없이 이어질 것 같았던 기저귀 갈기, 아이가 혼자 화장실에 가서 똥을 누고 뒷처리를 할 수 있게 되었을 때의 감동, 초등학교에서 돌아와서 '대단한 걸 봤어!'라며 친구가 변기 속 건강한 똥을 보여주었다는 어느 날의 이야기를 들었을 때의

---

[20] 인문지리학에서는 '구아노'라는 괭이갈매기의 똥과 인간과의 관계를 논한 다음과 같은 성과가 있다. 히라오카 아키토시(平岡昭利)『신천옹과「제국」일본의 확장(アホウドリと「帝国」日本の拡大)』明石書店, 2012; 平岡昭利『신천옹을 쫓은 일본인(アホウドリを追った日本人 — 一攫千金の夢と南洋進出)』岩波新書, 2015.

에필로그

놀라움. 그 친구들로 인해 똥이 이렇게 친근하게 우리 생활 속에 존재한다는 것을 알게 되었다.

* * *

신기하게도 아이들은 어른이 되면 어느새 똥과의 친밀감을 잊어버리고 만다. 똥에 대해 이야기하거나 배우거나 생각하는 일도 거의 없어진다. 그러나 그것은 어쩌면 '살아간다는 것'의 의미를 간과하고 있는 것과 같은 것일지도 모른다. 조금 과장된 표현이긴 하지만 이 책을 다 쓰고 나니 그런 생각이 강하게 든다.

사회과학자 우치다 요시히코는 사회과학에서 '한 사람 한 사람이 살아 있다는 사실의 무게[21]'를 느끼지 못하는 관점에서 사회를 이해하려는 연구 태도의 공과를 논하고 있다. 즉 이것은 사회과학에서 '한 사람 한 사람이 살아 있다는 사실의 무게'를 더 많이 논의해야 한다는 문제 제기이기도 하다.

우리는 지금 '산다는 것'을 어떻게 받아들이고 이해하려고 하는 것일까? 지역 조사·역사 조사·논문 집필 과정에서, 그리고 하루하루를 살아가면서 나는 종종 이 물음에 직면한다. 답을 내놓기는 쉽지 않다.

전작에서 '뱃속'을 통해 사람들이 살아가는 모습을 그려내면서 그것만으로는 아무래도 미흡하다는 생각이 들었던 것은

---

[21] 우치다 요시히코(内田義彦)『사회인식의 발자취(社會認識の歩み)』岩波新書, 1997(1971).

우리가 산다는 것은 먹는 것만으로 완성되지 않는다는 것을 깨달았기 때문이다. 똥을 누는 것도 살아 있다는 증거다. 그렇다면 먹는 것만큼이나 똥의 무게는 바로 '한 사람 한 사람이 살아 있다는 사실의 무게' 그 자체라고 해도 과언이 아닐 것이다.

그리고 이 '먹는 것'과 '똥을 누는 것'은 모두 우리 자신 안에서 완성되는 것이 아니라 본질적으로 외부 세계에 열려 있고 다양한 '생명'의 전달 고리 속에 위치하는 행위였다. 그런 의미에서 인문지리학은 인류학인 동시에 환경학이라고 할 수 있다. 클로드 레비스트로스는 '인문학의 궁극적인 목적은 인간을 구성하는 것이 아니라 인간을 용해하는 것이다'라고 말했다[22]. 인간 중심의 세계 이해가 아니라 세계와 우주의 일부로서 인간을 녹여내고 분해하고 용해하도록 대화적으로 위치지었을때 비로소 보이는 풍경에 관한 대화가 필요하다는 메시지다. 그러기 위해서라도 우리는 먼저 똥을 자신의 것으로 다시 받아들이는 것부터 시작해야 한다.

* * *

이 책을 쓰면서 '오물'과 '배제'의 시점에서 생각하게 된 계기는 의료인류학자 이소노 마호磯野真穂 씨를 중심으로 한 연구회 멤버(이와사 미쓰히로岩佐光広 씨, 히가 리마比嘉理麻 씨, 고故 미야노 마키코宮野真生子 씨)에게서 받은 많은 제안과 논의에 의해 이루어졌다. 돼지 변소(풀)는 오키나와의 돼지와 사람과의

---

[22] 『야생의 사고』 일본어판 296쪽. p214 각주 참고.

에필로그

관계를 논하는 히가 씨의 연구를 통해 알 수 있었다. 스티그마(오명)에 의한 배제의 구조는 똥에만 국한된 문제가 아니다. '청결'을 계속 추구하는 대가로 '생명'을 둘러싼 세계에 대한 이해가 단순해지고 뒤틀린 것처럼 느껴지는 오늘날 그것에 대해 멈춰서서 생각할 수 있는 여지가 아직 우리에게 남아있다고 믿고 싶다.

이타미 카즈히로伊丹一浩 씨, 후지하라 다쓰시藤原辰史 씨와 함께 시작한 '식과 농의 역사 연구회食と農の歷史研究会'의 동료들로부터 국내외의 지역 연구를 통해 항상 생각지도 못한 자극을 받고 있다. '순환循環'이라는 '고리環'의 시점은 이 동료들과의 논의에서 탄생했다. 농업사 연구자이자 야마가타山形의 쌀농사꾼인 사토 아키오佐藤章夫 씨의 '하비를 운반할 때의 기분은 이루 말할 수 없는 것이었다. 부디 그것을 이해하고 논문을 써주었으면 좋겠다'라는 말을 잊을 수 없다. 그 말씀에 조금이라도 부응할 수 있었으면 하는 바람이다. 이 책은 일본학술진흥회의 과학연구비 보조금 17K03237, 17H02552에 의한 성과의 일부이다.

'똥은 더러운가'라는 서두에 인용한 조사에 대해서는 쓰쿠바대학 부속 사카도坂戸 고등학교 학생들, 강의 기회를 주신 우메자와 사토시梅澤智 선생님을 비롯한 사카도 고교 선생님들께 많은 협조와 이해를 받았다. 그리고 항상 대학에서 똥에 대해 함께 사색을 깊게 해주는 학생들과 동료들에게도 이 지면을 빌려 진심으로 감사의 마음을 전하고 싶다.

이 책을 세상에 내놓는 데 있어 지쿠마쇼보筑摩書房 출판사의 하시모토 요스케橋本陽介 씨와 교정 스태프 여러분에게 큰 신세를 졌다. 하시모토 씨에게는 나의 작은 일을 발견해주신 것에 대해 감사드린다. 아울러 조금은 과감한 이번 주제에도 '중요한 일입니다'라며 깊은 공감을 보내주시고 인내심을 가지고 지켜봐 주시는 자세에 항상 용기를 얻었다. 고맙습니다.

마지막으로 무심코 지나가는 일상의 이런저런 생각에 대한 조금은 색다른 논의를 항상 공유해준 가족과 연구 동료, 그리고 조사 대상자 여러분께 진심으로 감사드립니다.

2020년 4월 20일

모든 '생명'과 더불어 살아가는 것에 대해
계속 고민하는 봄날에

유자오- 노리코湯澤規子